JN102201

漢字3年

東京書籍版
新しい　国語

教科書ぴったりトレーニング

月　日

ふくしゅう 二年生でならったかん字①

1 ――線のかん字の読みがなを書きましょう。

①（　　）今日は風が強い。

②（　　）弟はいつも元気だ。

③（　　）教室で本を読む。

④（　　）「ありがとう」とおれいを言う。

⑤（　　）空に光る星をながめる。

⑥（　　）ないしょの話をする。

⑦（　　）先生がドリルに丸をつける。

⑧（　　）大きな声を出す。

2 □にかん字を書きましょう。

① みんなと遠足に□《い》く。

② ピザをみんなで分けて□《た》べる。

③ ノートに□□《にっき》をつける。

④ いつか□□《がいこく》に行きたい。

⑤ □□《ゆうがた》には家に帰った。

⑥ 母といっしょにケーキを□《つく》る。

⑦ □□《けいと》でセーターをあむ。

⑧ □□《さんすう》のしゅくだいがある。

⑨ 秋の虫の声が□《き》こえる。

⑩ □《なん》日かたしかめる。

⑪ 人の気もちを□《かんが》える。

⑫ □《よる》になると、コオロギが鳴く。

⑬ 休みの□《あいだ》に手つだいをする。

⑭ 今年は雨がとても□《おお》い。

答え 2ページ

この「丸つけラクラクかいとう」はとりはずしてお使《つか》いください。

教科書ぴったりトレーニング

丸つけラクラクかいとう

東京書籍版 漢字3年

「丸つけラクラクかいとう」では問題《もんだい》と同じ紙面《しめん》に、赤字で答えを書いています。

①問題がとけたら、まずは答え合わせをしましょう。

②まちがえた問題やわからなかった問題は、ぴったり1にもどったり、教科書を見返《みかえ》したりして、もう一度《いちど》見直しましょう。

見やすい答え

てびき

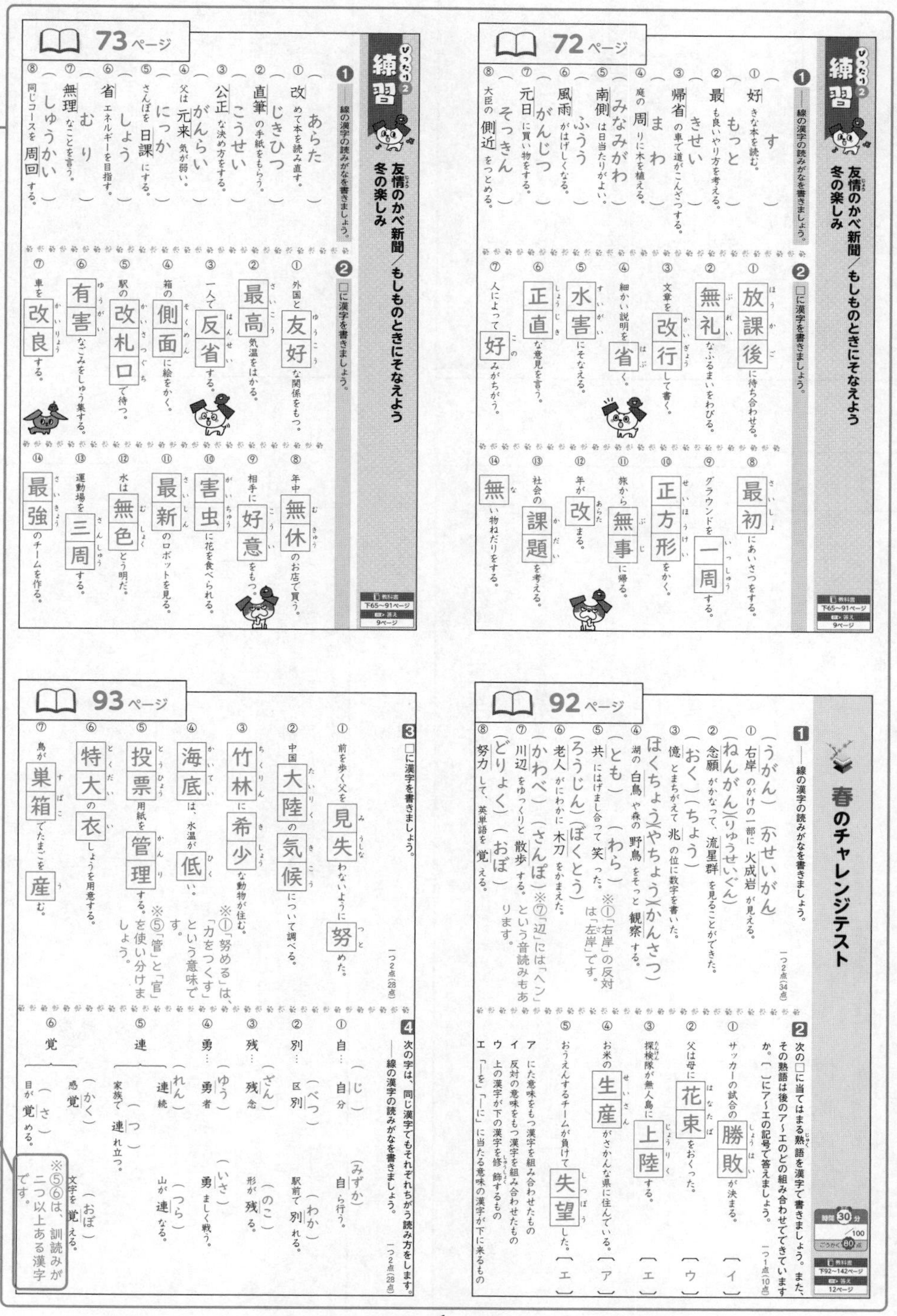

※紙面はイメージです。

2ページ

ふくしゅう　二年生でならったかん字①

1 ―線のかん字の読みがなを書きましょう。

① 今日は風が強い。（かぜ）
② 弟はいつも元気だ。（げんき）
③ 教室で本を読む。（よ）
④ 「ありがとう」とおれいを言う。（い）
⑤ 空に光る星をながめる。（ひか）
⑥ ないしょの話をする。（はなし）
⑦ 先生がドリルに丸をつける。（まる）
⑧ 大きな声を出す。（こえ）

2 □にかん字を書きましょう。

① みんなと遠足に行《い》く。
② ピザをみんなで分けて食《た》べる。
③ ノートに日記《にっき》をつける。
④ いつか外国《がいこく》に行きたい。
⑤ 夕方《ゆうがた》には家に帰った。
⑥ 母といっしょにケーキを作《つく》る。
⑦ 毛糸《けいと》でセーターをあむ。
⑧ 算数《さんすう》のしゅくだいがある。
⑨ 秋の虫の声が聞《き》こえる。
⑩ 何《なん》日かたしかめる。
⑪ 人の気もちを考《かんが》える。
⑫ 夜《よる》になると、コオロギが鳴く。
⑬ 休みの間《あいだ》に手つだいをする。
⑭ 今年は雨がとても多《おお》い。

答え 2ページ

3ページ

ふくしゅう　二年生でならったかん字②

1 ―線のかん字の読みがなを書きましょう。

① うさぎが野原をかけめぐる。（のはら）
② 朝から頭がいたい。（あたま）
③ しつもんに答える。（こた）
④ 大きくなったら牛をかいたい。（うし）
⑤ しずかな場所《しょ》を見つける。（ば）
⑥ 大切にしたい言葉《ば》がある。（たいせつ）
⑦ むかしのことを思い出す。（おも）
⑧ 弟といっしょにプールに行く。（おとうと）

2 □にかん字を書きましょう。

① 今《いま》とむかしをくらべる。
② 会社《かいしゃ》にはたくさんの人がいる。
③ 親《おや》の心、子知らず。
④ 友《とも》だちをさそって遊《あそ》びに行く。
⑤ いつも明《あか》るくむかえてくれる。
⑥ 夏休みの計画《けいかく》を立てる。
⑦ プラモデルを組《く》み立てる。
⑧ 休みの日は家《いえ》ですごす。
⑨ 自分《じぶん》の気もちを話す。
⑩ 兄にピアノを教《おそ》わる。
⑪ 公園《こうえん》にはブランコがある。
⑫ きのうは楽《たの》しいゆめをみた。
⑬ ゆっくりと体《からだ》をうごかす。
⑭ すきなどうぶつの絵《え》をかく。

答え 2ページ

4ページ

ふくしゅう　二年生でならったかん字③

1 ―線のかん字の読みがなを書きましょう。

① 北にむかって歩く。（きた）
② 学校の近くに住んでいる。（ちか）
③ 後ろをふりかえる。（うし）
④ たいようが雲にかくれる。（くも）
⑤ 先週は天気がよかった。（せんしゅう）
⑥ お昼ごはんを食べる。（ひる）
⑦ 友だちに手紙を書く。（てがみ）
⑧ ノートとペンを買う。（か）

2 □にかん字を書きましょう。

① 校庭《てい》に白《はく》線を引《ひ》く。
② 花の形《かたち》をしたクッキーを食べる。
③ 父と海《うみ》に行く。
④ 新《あたら》しい本を見つけた。
⑤ 夜中に雨が強《つよ》まってきた。
⑥ おどろいて、いきが止《と》まりそうだ。
⑦ 池で魚《さかな》がおよいでいる。
⑧ 夏休《なつやす》みが楽しみだ。
⑨ 日本の南《みなみ》にある国へ行く。
⑩ 明日は、母《はは》の日だ。
⑪ 姉《あね》からプレゼントをもらう。
⑫ 教室《きょうしつ》をそうじする。
⑬ 古い本を売《う》る。
⑭ この道《みち》をまっすぐ行く。

答え 2ページ

5ページ

ふくしゅう　二年生でならったかん字④

1 ―線のかん字の読みがなを書きましょう。

① 日曜日に買いものに行く。（にちようび）
② この電車は上野《うえの》行きだ。（でんしゃ）
③ その直前にじけんがおこった。（ちょくぜん）
④ 犬をつれて公園に行く。（こうえん）
⑤ 遠い国のお話を聞く。（とお）
⑥ 父はこのあたりの地理にくわしい。（ちり）
⑦ 学校の帰り道で兄に会った。（かえ）
⑧ 羽のついたぼうしをかぶる。（はね）

2 □にかん字を書きましょう。

① 大きな声で歌《うた》をうたう。
② 午後《ごご》三時におやつを食べる。
③ 大きな白い鳥《とり》を見た。
④ 馬《うま》のたてがみにさわる。
⑤ 人気のテレビ番組《ばんぐみ》を見る。
⑥ 細《ほそ》くて長い線を書く。
⑦ 弓《ゆみ》で矢をいる。
⑧ この町にはお寺《てら》が多い。
⑨ 黒《くろ》い雲が広がっていく。
⑩ ようやく風が弱《よわ》まってきた。
⑪ 毎朝《まいあさ》ごはんを食べる。
⑫ 東京《とうきょう》タワーにのぼる。
⑬ つめたい麦茶《むぎちゃ》を飲《の》む。
⑭ 同《おな》じことをくりかえす。

答え 2ページ

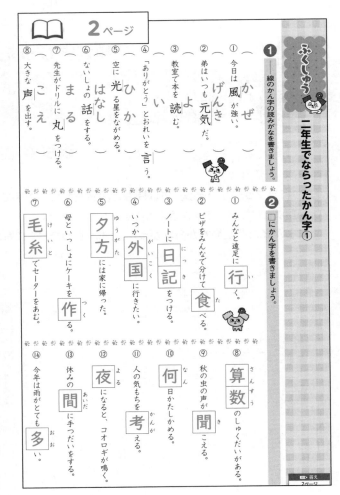

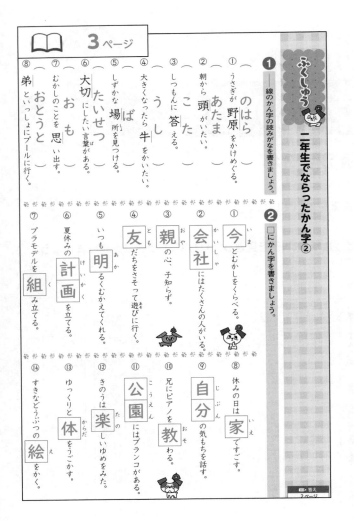

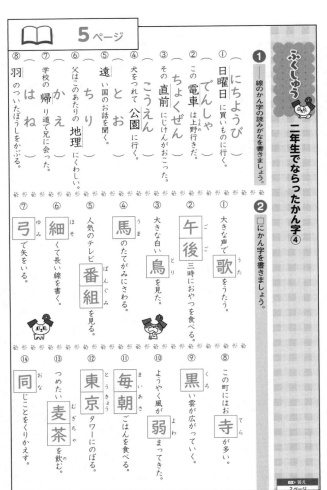

10ページ

ぴったり2 練習 すいせんのラッパ かん字をつかおう1

1 ——線のかん字の読みがなを書きましょう。

① アメリカは五十の州がある。（しゅう）
② 毎日野球《やきゅう》を練習する。（れんしゅう）
③ 水面をのぞく。（すいめん）
④ 有《ゆう》名な物語を聞く。（ものがたり）
⑤ 大きな力を感じる。（かん）
⑥ 毎朝、妹を起こす。（お）
⑦ 本物のダイヤでできた首かざり。（ほんもの）
⑧ 横だん歩道を歩く。（おう）

2 □にかん字を書きましょう。

① 早朝《そうちょう》からじゅんびする。
② そのせん手を起用《きよう》する。
③ 倍速《ばいそく》でえいがを見る。
④ ねんどを練《ね》る。
⑤ 九州《きゅうしゅう》へ旅行《りょこう》する。
⑥ あの人は有《ゆう》名な人物《じんぶつ》だ。
⑦ あなたの行動《こうどう》に感心《かんしん》します。
⑧ 豆《まめ》を使《つか》ったスープ。
⑨ 学校でひなんくん練《れん》をする。
⑩ 友だちの横顔《よこがお》の絵をかく。
⑪ 大豆《だいず》は体によい。
⑫ 二倍《にばい》にかく大する。
⑬ 地面《じめん》に立つ。
⑭ えいようがいっぱいの食物《しょくもつ》。

教科書 上18～29ページ
答え 3ページ

11ページ

ぴったり2 練習 すいせんのラッパ かん字をつかおう1

1 ——線のかん字の読みがなを書きましょう。

① かれ葉をひろう。（は）
② 仕方なくさんかした。（しかた）
③ 足を速めてすすむ。（はや）
④ 話の語り手。（かた）
⑤ 家で学習に取《と》り組む。（がくしゅう）
⑥ 朝早く起きる。（お）
⑦ 向こうの空を見る。（む）
⑧ 緑茶を飲《の》むことがすきだ。（りょくちゃ）

2 □にかん字を書きましょう。

① 楽しそうな様子《ようす》だ。
② 車の仕組《しく》みを学ぶ。
③ 秋はこう葉《よう》がきれいだ。
④ ピアノを十年習《なら》っている。
⑤ 友だちと会話《かいわ》する。
⑥ 家から学校へ向《む》かう。
⑦ 速《はや》いボールを投《な》げる。
⑧ 電車の速《そく》度《ど》を上げる。
⑨ 王子様《さま》に一度《ど》会ってみたい。
⑩ 合計《ごうけい》で五百円になる。
⑪ 町の中央《ちゅうおう》にある公園に行く
⑫ ずっとこの家に仕《つか》えてきた。
⑬ 歩道《ほどう》からとび出さない。
⑭ 緑《みどり》色のリボンをむすぶ。

教科書 上16～29ページ
答え 3ページ

16ページ

ぴったり2 練習 図書館へ行こう 国語じてんの使い方 メモを取りながら話を聞こう

1 ——線のかん字の読みがなを書きましょう。

① 本の目次《じ》のページを読む。（もく）
② 大事な話をする。（だいじ）
③ 集《あつ》まる場所を決《き》める。（ばしょ）
④ 館内放送《ほうそう》を流《なが》す。（かんない）
⑤ 魚を調理する。（ちょうり）
⑥ 教科書の内ようをおぼえる。（ない）
⑦ 新しい住まいをかりる。（す）
⑧ 新しく電柱が立つ。（でんちゅう）

2 □にかん字を書きましょう。

① 図書館《としょかん》で本をかりる。
② せりふを引用《いんよう》する。
③ わすれ物を取《と》りに帰る。
④ 人が多い所《ところ》でまよう。
⑤ 答えを記号《きごう》で書く。
⑥ びっくりする出来事《できごと》。
⑦ ゆうびん局《きょく》にでかける。
⑧ ことわざの意味《いみ》が分かる。
⑨ あやうく柱《はしら》にぶつかる。
⑩ 家の住所《じゅうしょ》をおぼえる。
⑪ 漢字《かんじ》を正しく書く。
⑫ 大切な用事《ようじ》がある。
⑬ 体調《たいちょう》を整《ととの》える。
⑭ 母のりょう理を味《あじ》わう。

教科書 上30～41ページ
答え 3ページ

17ページ

ぴったり2 練習 図書館へ行こう 国語じてんの使い方 メモを取りながら話を聞こう

1 ——線のかん字の読みがなを書きましょう。

① 第《だい》一号の船に乗《の》る。（ごう）
② まとめたことを書き表す。（あらわ）
③ 今回はテストの調子がよい。（ちょうし）
④ いろいろな科目を勉《べん》強する。（かもく）
⑤ 食べ物をぜんいんに配る。（くば）
⑥ しっかりした家の柱。（はしら）
⑦ はしをうまく使う。（つか）
⑧ 父は漢方を飲《の》んでいる。（かんぽう）

2 □にかん字を書きましょう。

① 物事《ものごと》を正しく行《おこな》う。
② 妹を味方《みかた》につける。
③ テレビの取《しゅ》ざいが来る。
④ 味《あじ》わって食べる。
⑤ 人の気配《けはい》を感じる。
⑥ 使用《しよう》方ほうを教える。
⑦ 古い館《やかた》へ行く。
⑧ けっかを発《はっ》表《ぴょう》する。
⑨ テレビ局《きょく》を見学する。
⑩ インタビューのメモを取《と》る。
⑪ 原いんを調《しら》べる。
⑫ けがに注《ちゅう》意《い》する。
⑬ じてんのさく引《いん》をつかう。
⑭ 柱《はしら》時計を買う。

教科書 上30～41ページ
答え 3ページ

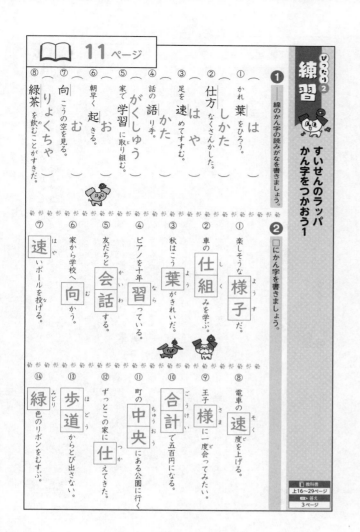

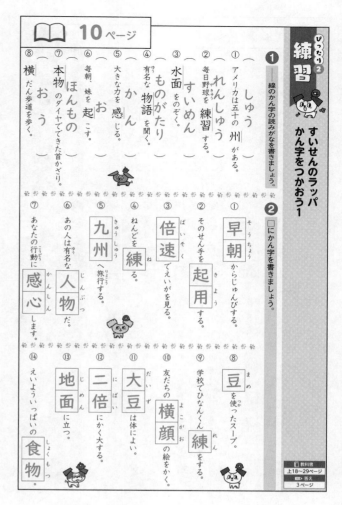

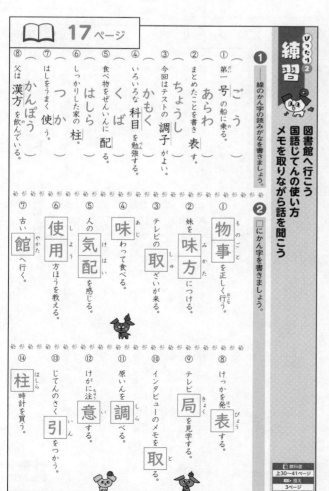

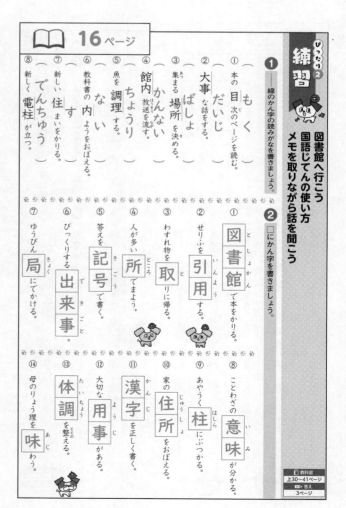

22ページ

ぴったり2 練習

自然《しぜん》のかくし絵　漢字を使おう2

1 ――線の漢字の読みがなを書きましょう。

① 子犬が大きく育つ。（そだ）
② 動作をかくにんする。（どうさ）
③ 部首《しゅ》をおぼえる。（ぶ）
④ 自分で問題を考える。（もんだい）
⑤ じゅんいが決まる。（き）
⑥ 学校のルールを守る。（まも）
⑦ ノートに筆で漢字を書く。（ふで）
⑧ 自然《ぜん》の中で生活する。（し）

2 □に漢字を書きましょう。

① 筆記《ひっき》用具《ぐ》を出す。
② 日本の教育《きょういく》を考える。
③ 足りない部分《ぶぶん》がある。
④ 物語の作者《さくしゃ》を調べる。
⑤ せん手が守《しゅ》びにつく。
⑥ かた手でコップを持《も》つ。
⑦ 本の題名《だいめい》を書く。
⑧ やっと決心《けっしん》がついた。
⑨ 家の前から車を動《うご》かす。
⑩ 気持《きも》ちをこめて話す。
⑪ 身《み》の回りの世話《せ》をする。
⑫ 先生の問《と》いに答える。
⑬ えん筆《ぴつ》を買う。
⑭ 持《じ》病《びょう》がなおる。

教科書　上42〜53ページ　答え　4ページ

23ページ

ぴったり2 練習

自然《しぜん》のかくし絵　漢字を使おう2

1 ――線の漢字の読みがなを書きましょう。

① 急《きゅう》に都合がわるくなる。（つごう）
② テレビで氷山を見る。（ひょうざん）
③ 水泳の練習をする。（すいえい）
④ 友だちと公園で遊ぶ。（あそ）
⑤ 新しい店を開く。（ひら）
⑥ 先生から泳ぎ方を習う。（およ）
⑦ 図書館に本を返す。（かえ）
⑧ まどを大きく開ける。（あ）

2 □に漢字を書きましょう。

① 東京は都会《とかい》だ。
② 夏の海で泳《およ》ぐ。
③ 一日で有名《ゆうめい》になる。
④ お客《きゃく》に返金《へんきん》する。
⑤ 遊園地《ゆうえんち》へ出かける。
⑥ 開会《かいかい》のあいさつをする。
⑦ 海で遠泳《えんえい》をする。
⑧ 氷《こおり》のようにつめたい。
⑨ 遊《あそ》ぶ場所をさがす。
⑩ この車はまだ動《うご》く。
⑪ 水の都《みやこ》とよばれる。
⑫ 土《と》地を所有《しょゆう》する。
⑬ 大きな声で返事《へんじ》をする。
⑭ ねん土で手形《てがた》をとる。

教科書　上42〜53ページ　答え　4ページ

26ページ

ぴったり2 練習

全体と中心　「わたし」の説《せつ》明文を書こう

1 ――線の漢字の読みがなを書きましょう。

① 国語のテストを開始する。（かいし）
② 主《しゅ》語に係る言葉をさがす。（かか）
③ 世間の人にみとめられる。（せけん）
④ 会は午後八時に終わる。（お）
⑤ 人生は楽《らく》あれば苦ありだ。（く）
⑥ 兄は高校にかよっている。（こうこう）
⑦ 明らかなうそをつく。（あき）
⑧ べんりな世の中になった。（よ）

2 □に漢字を書きましょう。

① 全力《ぜんりょく》で取り組む。
② 図書係《としょがかり》になる。
③ この問題は全《まった》く分からない。
④ 妹の世話《せわ》をする。
⑤ 終点《しゅうてん》でバスをおりる。
⑥ いたみに苦《くる》しむ。
⑦ 家族《かぞく》で海に行く。
⑧ 宿《しゅく》題を全《すべ》て終わらせる。
⑨ 算数の文章題《ぶんしょうだい》をとく。
⑩ えい画が始《はじ》まる。
⑪ このくすりは苦《にが》い。
⑫ 友だちの意見を参《さん》考《こう》にする。
⑬ わたしにはかん係《けい》ない。
⑭ 漢字の練習を始《はじ》める。

教科書　上54〜61ページ　答え　4ページ

29ページ

ぴったり2 練習

漢字の表す意味

1 ――線の漢字の読みがなを書きましょう。

① 曲がり角で人にぶつかる。（ま）
② 鉄《てっ》板の上で肉をやく。（ぱん）
③ おみやげの品をえらぶ。（しな）
④ クラス全員がさんかする。（ぜんいん）
⑤ 日本は島国です。（しまぐに）
⑥ 白紙に絵をかく。（はくし）
⑦ 校歌をおぼえる。（こうか）
⑧ 言葉を発する。（はっ）

2 □に漢字を書きましょう。

① 地図に曲線《きょくせん》をえがく川。
② 作品《さくひん》をしあげる。
③ 皿《さら》のクッキーに手をのばす。
④ 図書委員会《いいんかい》に出る。
⑤ 店員《てんいん》さんに聞く。
⑥ ピアノの発表会《はっぴょうかい》に出る。
⑦ 半島《はんとう》をバスで回る。
⑧ まな板《いた》をあらう。
⑨ ストローを曲《ま》げる。
⑩ 黒板《こくばん》に字を書く。
⑪ 島《しま》でくらす。
⑫ 他《ほか》の人に委《ゆだ》ねる。
⑬ まん員《いん》電車に乗《の》る。
⑭ 船のかん板《ぱん》をそうじする。

教科書　上62〜63ページ　答え　4ページ

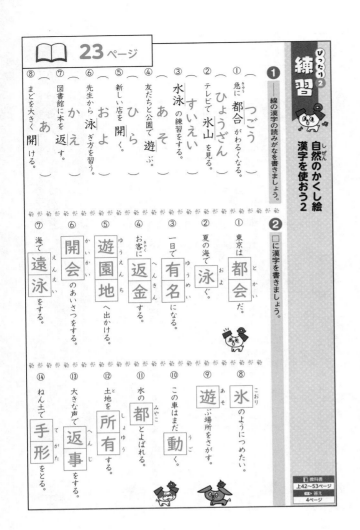

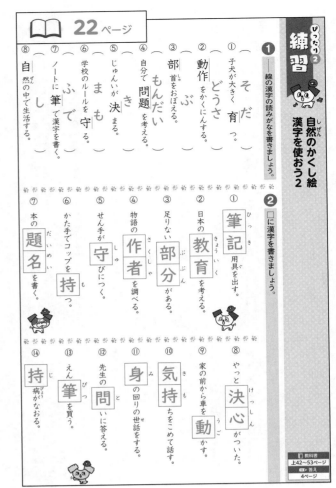

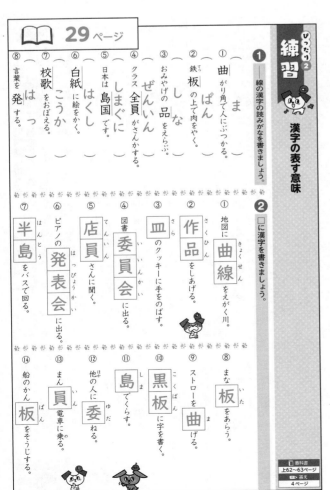

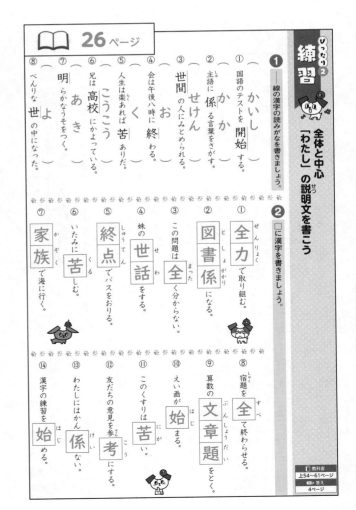

32ページ

ぴったり2 練習

ワニのおじいさんのたから物

1 ——線の漢字の読みがなを書きましょう。

① 山田 君 と友だちになる。（くん）
② 安 いおかしを買う。（やす）
③ 急用 ができる。（きゅうよう）
④ 夏の富士山《ふじさん》に 登 る。（のぼ）
⑤ 強い 寒気 が流れこむ。（かんき）
⑥ 子どもを 安心 させる。（あんしん）
⑦ 家族で 登山 を楽しむ。（とざん）
⑧ 入場 のチケットを買う。（にゅうじょう）

2 □に漢字を書きましょう。

① 今年の冬は 寒《さむ》い。
② 相手《あいて》の気持ちを考える。
③ ノートに名前を 記《しる》す。
④ 君《きみ》の意見を聞こう。
⑤ 安全《あんぜん》をたしかめる。
⑥ 急《いそ》いで待《ま》ち合わせ場所に行く。
⑦ 物語の 登場人物《とうじょうじんぶつ》。
⑧ 川に 橋《はし》がかかる。
⑨ 天気は 安定《あんてい》している。
⑩ ゆうかんな 行動《こうどう》。
⑪ 車は 急《きゅう》には止まれない。
⑫ 歩道 橋《きょう》をわたる。
⑬ 人相《にんそう》がわるい人もいる。
⑭ 長年かっていた犬が 死《し》ぬ。

教科書 上64～76ページ　答え 5ページ

37ページ

ぴったり2 練習

漢字を使おう3／人物やものの様子を表す言葉 心が動いたことを詩で表そう 「給食《きゅうしょく》だより」を読みくらべよう

1 ——線の漢字の読みがなを書きましょう。

① きず口から 血 が出る。（ち）
② 友だちに 暑中 みまいを出す。（しょちゅう）
③ かきの 実 がなる。（み）
④ 虫の 命 は短《みじか》い。（いのち）
⑤ 白鳥 がゆうがにとぶ。（はくちょう）
⑥ 申 しこみ用紙に名前を書く。（もう）
⑦ おくれた 理由 をたずねる。（りゆう）
⑧ 次回 の作品を楽しみにする。（じかい）

2 □に漢字を書きましょう。

① 出血《しゅっけつ》を止める。
② 大会が 行《おこな》われた。
③ 名前の 由来《ゆらい》を聞く。
④ 物語の 感想《かんそう》をのべる。
⑤ 詩集《ししゅう》を図書館でかりる。
⑥ 次《つぎ》の日に会うやくそくをした。
⑦ 今年の夏は 暑《あつ》くてしかたがない。
⑧ アイデアを 実行《じっこう》する。
⑨ おいしいくだものが 実《みの》る。
⑩ なべやかまを 金物《かなもの》という。
⑪ うまくまとに 命中《めいちゅう》させる。
⑫ にわの花を 写生《しゃせい》する。
⑬ みんなのお金を 集《あつ》める。
⑭ 父が 農業《のうぎょう》を始める。

教科書 上77～98ページ　答え 5ページ

38ページ

夏のチャレンジテスト①

1 ——線の漢字の読みがなを書きましょう。　一つ2点（32点）

① 緑色 をした木の 葉 がまう。（みどりいろ）（は）
② 早朝 に、急 いで出かける。（そうちょう）（いそ）
③ 歩道 を歩く人たちがテレビ 画面 にうつる。（ほどう）（がめん）
④ 顔を 横 の人に 向 ける。（よこ）（む）
⑤ 車の 部品 をこまかく 調 べる。（ぶひん）（しら）
⑥ 合計 で十時間の 練習 をした。（ごうけい）（れんしゅう）
⑦ 豆 をカメラで 写 す。（まめ）（うつ）
⑧ アメリカの 中央 にある 州 に行く。（ちゅうおう）（しゅう）

2 次の□には、それぞれ同じ漢字が入ります。当てはまる漢字を書きましょう。　一つ2点（12点）

① □長 □体 □近 自分自□ □の回り ※音読みは「シン」、訓読みは「み」です。　身
② □店 □始 □放《ほう》 □ける □く ※「ひら-く」「あ-く」と二つの訓読みがあります。　開
③ 食□ 動□ 植《しょく》□ □体 □覚《おぼ》え ※「ブツ」「モツ」と二つの音読みがあります。　物
④ □校 □山 □場 □る 木□り ※「トウ」「ト」と二つの音読みがあります。　登
⑤ □紙 発□ 公□ □す □れる ※「おもて」という訓読みもあります。　表
⑥ □行 □用 □入り 木の□ □る　実

時間30分　/100　ごうかく80点
教科書 上16～98ページ　答え 5ページ

39ページ

3 □に漢字を書きましょう。　一つ2点（30点）
※⑧「速い」と「早い」を使い分けましょう。

① 記号《きごう》で答える。
② 兄の 意見《いけん》を聞く。
③ 金魚を 育《そだ》てる。
④ わたしは弟の 味方《みかた》だ。
⑤ 柱《はしら》に印《しるし》をつける。
⑥ 二倍《にばい》の大きさになる。
⑦ 本のさく 引《いん》を見る。
⑧ 泳《およ》ぎの 速《はや》い選手《せんしゅ》。
⑨ いきなり 問題《もんだい》が 起《お》きる。
⑩ テレビ 局《きょく》で 仕事《しごと》をする。
⑪ 島《しま》の 様子《ようす》が変わった。

4 次の二つの漢字の部首は、同じですか、ちがいますか。同じものは○、ちがうものは×で答えましょう。　一つ2点（10点）

① 品 豆 ※「品」は「口」、「豆」は「豆」です。［×］
② 申 由 ※どちらも「田」です。［○］
③ 皿 血 ※「皿」は「皿」、「血」は「血」です。［×］
④ 実 寒 ※どちらも「宀」です。［○］
⑤ 相 板 ※「相」は「目」、「板」は「木」です。［×］

5 次の□に、上でしめした読み方をする漢字を入れて、じゅく語をかんせいさせましょう。　一つ2点（16点）

① シュウ　ア 文集　イ 学習　ウ 終点
② カン　ア 体感　イ 図書館
③ シ　ア 使用　イ 生死　ウ 詩人

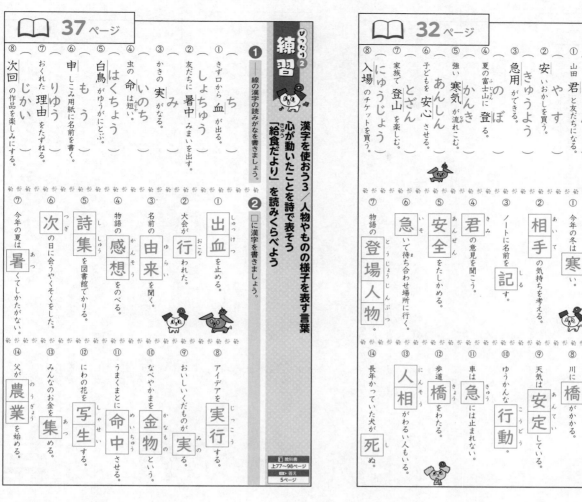

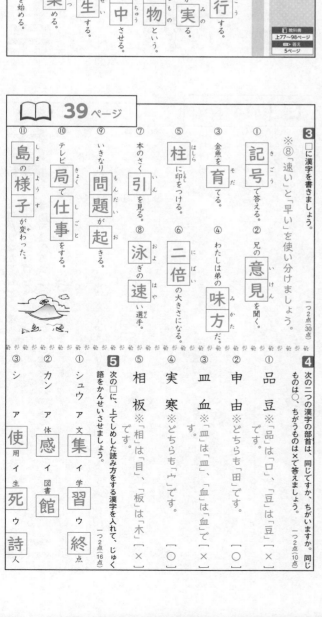

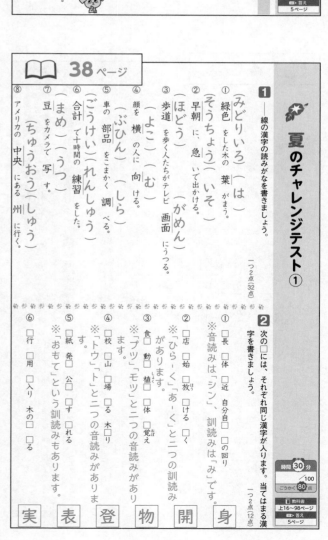

40ページ

夏のチャレンジテスト②

時間30分　/100　ごうかく80点

教科書 上16～98ページ　答え 6ページ

1 ――線の漢字の読みがなを書きましょう。　一つ2点（34点）

① しずかな所をえらんで住む。（ところ）（す）

② きれいな皿を、手に取る。（さら）（と）

③ 君のことを今でも心配している。（きみ）（しんぱい）

※③「配」はここでは「パイ」と読みます。

④ 暑さから自分の身をしっかり守る。（あつ）（み）（まも）

⑤ 筆記用具《ぐ》をつねに持ち歩く。（ひっき）（も）

※⑧は、それにふさわしいような様子になる、ということ。

⑥ 家族に話をして安心させる。（かぞく）（あんしん）

⑦ イベントが開会され、人がたくさん集まる。（かいかい）（あつ）

⑧ 兄の手品は、なかなか様になっている。（てじな）（さま）

※⑧「様になる」は、それにふさわしいような様子になる、ということ。

2 矢印《じるし》の上と下の言葉が反対《はんたい》の意味になるように、□から漢字をえらんで□に書きましょう。　一つ2点（16点）

① 下校 ⇔ 登校

② たて書き ⇔ 横書き

③ 楽しい ⇔ 苦しい

④ 答える ⇔ 問う

⑤ 生きる ⇔ 死ぬ

⑥ 終わる ⇔ 始まる

⑦ 一部 ⇔ 全部

⑧ 遅《おそ》い ⇔ 速い

※⑧は「早い」でも正解。

問　登　速　活　横　全　苦　始　死　上

41ページ

3 □に漢字を書きましょう。　一つ2点（26点）

※⑦「係」の右部分を「系」としないように。

① 植物《しょく》を育《そだ》てる。

② 花の都《みやこ》パリ

③ 犬の世話《せわ》をする。

④ 長い橋《はし》をわたる。

⑤ 寒気《さむけ》がする。

⑥ 命《いのち》をたすける。

⑦ なりたかった給食《きゅう》係《がかり》になる。

⑧ クラスの委員長《いいんちょう》を決《き》める。

⑨ すきな詩《し》をノートに書き写《うつ》す。

※⑨「書き写す」とは、文や絵などをそのとおりに書くということです。

⑩ 小さな島《しま》で農業《のうぎょう》を行う。

4 次の漢字の●の部分は、「とめる　はねる　はらう」のどれになっていますか。「とめる」はア、「はねる」はイ、「はらう」はウと書いて答えましょう。　一つ2点（12点）

① 局　イ

② 次　ウ

③ 号　イ

④ 有　ア

⑤ 発　ウ

⑥ 氷　イ

5 次の漢字の赤く太い部分は、何画目に書きますか。数字で答えましょう。　一つ2点（12点）

① 配　九画目

② 取　八画目

③ 向　四画目

④ 遊　三画目

⑤ 曲　三画目

⑥ 急　七画目

44ページ

ぴったり2 練習

夕日がせなかをおしてくる／案内《あん》の手紙を書こう／慣用句《かんく》を使おう／グループの合い言葉を決めよう

教科書 上110～126ページ　答え 6ページ

1 ――線の漢字の読みがなを書きましょう。

① 野球《きゅう》の地区大会に出る。（ちく）

② バスで学校に通う。（かよ）

③ せんたく物が二階《かい》から落ちる。（お）

④ みんなで合しょうする。（がっ）

⑤ 決勝までのこる。（けっしょう）

⑥ いつも前に進む。（すす）

⑦ テニス大会で負ける。（ま）

⑧ 落書きはいけません。（らくが）

2 □に漢字を書きましょう。

① 太《たい》陽《よう》の光をあびる。

② 弟に助言《じょげん》をする。

③ 相手を負《ま》かす。

④ 話し合いの区切《くぎ》りをつける。

⑤ じゃんけんで勝負《しょうぶ》する。

⑥ 全員の役《やく》わりを考える。

⑦ かみなりを落《お》とす。

⑧ 話し会いを進行《しんこう》する。

⑨ この絵は二人の合作《がっさく》だ。

⑩ ゲームに勝《か》つ。

⑪ 区役所《くやくしょ》へ行く。

⑫ まいごの子どもを助《たす》ける。

⑬ たたかいできずを負《お》う。

⑭ すばらしい進歩《しんぽ》をとげる。

47ページ

ぴったり2 練習

漢字を使おう4／主語とじゅつ語、つながってる？

教科書 上127～129ページ　答え 6ページ

1 ――線の漢字の読みがなを書きましょう。

① 市の人口《こう》を調べる。（し）

② 村長がいる場所へ行く。（そんちょう）

③ ボールを投げる。（な）

④ 木の根をほり出す。（ね）

⑤ ボールを打つ。（う）

⑥ とうふを一丁買う。（いっちょう）

⑦ 物語の主な登場人物。（おも）

⑧ ゴルフの球を打つ。（たま）

2 □に漢字を書きましょう。

① バッターが打《だ》せきに立つ。

② しんぶんに投書《とうしょ》する。

③ ビルの屋上《おくじょう》に向かう。

④ 町内《ちょうない》の美化《び》活動にさんかする。

⑤ 物語の主人公《しゅじんこう》。

⑥ チューリップの球根《きゅうこん》。

⑦ 市町村《しちょうそん》が合ぺいする。

⑧ 町の三丁《ちょう》目に住む。

⑨ 村内《そんない》の公園に行く。

⑩ 根気《こんき》強く練習する。

⑪ となりの県《けん》まで行く。

⑫ かばんの持ち主《ぬし》をさがす。

⑬ 直球を投《な》げる。

⑭ 家の屋根《やね》をしゅう理する。

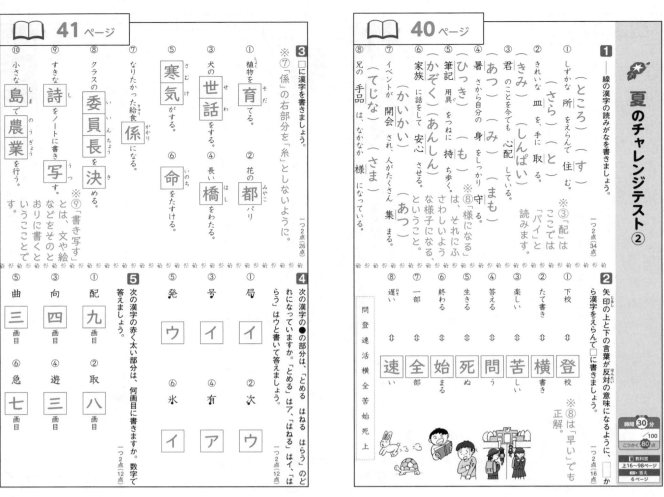

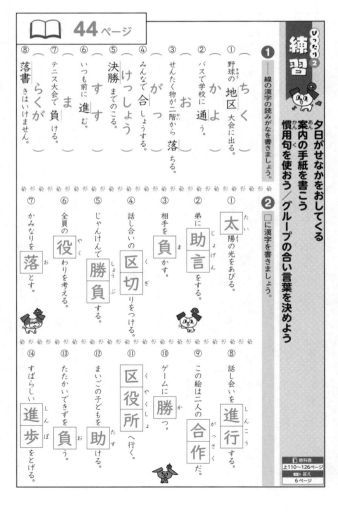

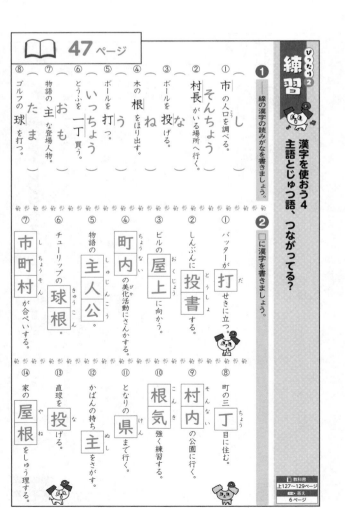

51ページ

ぴったり2 練習

サーカスのライオン 漢字を使おう5

1 ――線の漢字の読みがなを書きましょう。

① 決着をつける。（けっちゃく）
② きぼうの大学に受かる。（う）
③ 日やけをして皮がむける。（かわ）
④ 病《びょう》気で入院する。（にゅういん）
⑤ ろうそくの火が消える。（き）
⑥ 紙を円い形に切る。（まる）
⑦ 真面目に話を聞く。（まじめ）
⑧ 友だちに手紙を送る。（おく）

2 □に漢字を書きましょう。

① 鉄《てつ》でできた橋をわたる。
② 早朝に来客《らいきゃく》がある。
③ 荷物を運送《うんそう》するトラック。
④ たぬきが人に化《ば》ける。
⑤ 化石《かせき》を調べる。
⑥ 部屋《へや》をきれいにする。
⑦ あの人はいつも陽気《ようき》だ。
⑧ 母が着物《きもの》をたたむ。
⑨ 楽《らく》なしせいで待つ。
⑩ 毛皮《けがわ》のコートを買う。
⑪ メールを受信《じゅしん》する。
⑫ けが人を車で運《はこ》ぶ。
⑬ 消火《しょうか》器の使い方を学ぶ。
⑭ うれしい知らせを受《う》ける。

教科書 上130〜149ページ
答え 7ページ

52ページ

ぴったり2 練習

サーカスのライオン 漢字を使おう5

1 ――線の漢字の読みがなを書きましょう。

① 電車の路線を調べる。（ろせん）
② 校内放《ほう》送を聞く。（そう）
③ トラックのつみ荷をおろす。（に）
④ 真ん中にすわる。（ま）
⑤ お客が帰る。（きゃく）
⑥ 円いテーブルを買う。（まる）
⑦ けがで通院する。（つういん）
⑧ 受話器《き》を取る。（じゅわ）

2 □に漢字を書きましょう。

① ラジオの回路《かいろ》を調べる。
② 友だちに皮肉《ひにく》を言われる。
③ 太陽光《たいようこう》をあびる。
④ 顔色が真っ青《まっさお》だ。
⑤ お化《ば》け屋しきに入る。
⑥ 鉄道《てつどう》博《はく》物館へ行く。
⑦ 夕方、家路《いえじ》につく。
⑧ 真っ赤《まっか》なかばんがほしい。
⑨ 車で家まで送《おく》る。
⑩ 大阪に着《つ》く。
⑪ 身体の消化《しょうか》器官《きかん》。
⑫ 今年は運《うん》がよい。
⑬ 兄は真面目《まじめ》な人間だ。
⑭ 鉄板《てっぱん》の上でりょう理する。

教科書 上130〜149ページ
答え 7ページ

55ページ

ぴったり2 練習

せっちゃくざいの今と昔《むかし》 道具のひみつをつたえよう

1 ――線の漢字の読みがなを書きましょう。

① 公園の美化を手助けする。（びか）
② 短刀を手に持つ。（たんとう）
③ 心が温かい人。（あたた）
④ 絵の具をまぜる。（ぐ）
⑤ 昼に軽食をとる。（けいしょく）
⑥ ほとけの顔も三度まで。（さんど）
⑦ 全体の形が整う。（ととの）
⑧ 話を短くまとめる。（みじか）

2 □に漢字を書きましょう。

① 両手《りょうて》で水をすくう。
② 短時間《たんじかん》で終わる。
③ ぬいだ服《ふく》をたたむ。
④ 父から昔話《むかしばなし》を聞く。
⑤ 雨具《あまぐ》を持って出かける。
⑥ 子どもたちの列《れつ》を整《ととの》える。
⑦ 今度《こんど》こそ負けない。
⑧ 今日は気温《きおん》が高い。
⑨ 美《うつく》しい星空を見る。
⑩ 道具《どうぐ》の手入れをする。
⑪ 荷物を整理《せいり》する。
⑫ えん筆が短《みじか》くなる。
⑬ 美《び》じゅつ品を買う。
⑭ 軽《かる》いかばんを買う。

教科書 下8〜26ページ
答え 7ページ

58ページ

ぴったり2 練習

こそあど言葉 話したいな、すきな時間

1 ――線の漢字の読みがなを書きましょう。

① ますますなぞが深まる。（ふか）
② 親指をいためる。（おやゆび）
③ にわに花を植える。（う）
④ 水深ニメートルのプール。（すいしん）
⑤ なぞを究明する。（きゅうめい）
⑥ そうじ当番を交代する。（こうたい）
⑦ 細工をほどこす。（さいく）
⑧ 美しい千《ち》代紙。（よ）

2 □に漢字を書きましょう。

① じゅん番を代《か》わる。
② 木が植《う》わっている。
③ 言葉をたん究《きゅう》する。
④ 南の方角を指《さ》す。
⑤ 植物《しょくぶつ》に水をやる。
⑥ 命に代《か》えられるものはない。
⑦ 大正《たいしょう》時代《じだい》の服。
⑧ 深《ふか》い池にすむ魚。
⑨ 委員に指名《しめい》する。
⑩ しょう細《さい》にせつ明する。
⑪ 研究《けんきゅう》が終わりに近づく。
⑫ 注意《ちゅうい》深《ぶか》くあたりを見回す。
⑬ 植林《しょくりん》活動をする。
⑭ 指先《ゆびさき》にとんぼがとまる。

教科書 下28〜33ページ
答え 7ページ

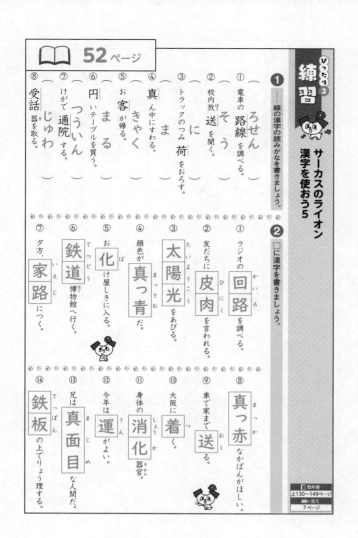

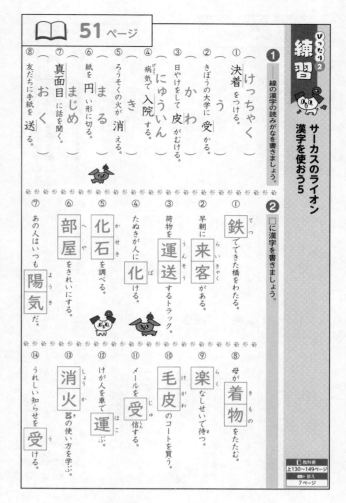

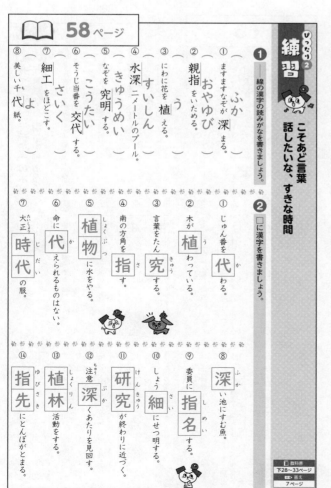

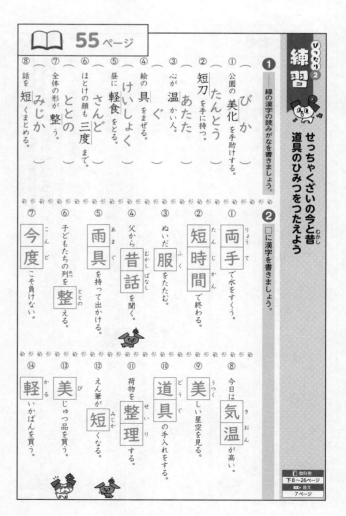

61ページ

ぴったり2 練習

漢字の読み方

1 ――線の漢字の読みがなを書きましょう。

① 世界の平和をねがう。（へいわ）
② 水を飲む場所をさがす。（の）
③ 流れるプールで遊ぶ。（なが）
④ 魚を炭火でやく。（すみび）
⑤ はさみを用いる。（もち）
⑥ 家族でバスに乗る。（の）
⑦ 星雲をながめる。（せいうん）
⑧ 和風ハンバーグを食べる。（わふう）

2 □に漢字を書きましょう。

① ライオンが二頭《とう》ねている。
② 店で石炭《せきたん》を買う。
③ ここで飲食《いんしょく》はできません。
④ 銀行《ぎんこう》でお金をおろす。
⑤ 時計の電池《でんち》をかえる。
⑥ 平《たい》らな地面に立つ。
⑦ インフルエンザが流行《りゅうこう》する。
⑧ 乗馬《じょうば》を体けんする。
⑨ 平泳《ひらおよ》ぎの練習をする。
⑩ 一面銀色《ぎんいろ》の雪景色《げしき》。
⑪ 流星《りゅうせい》ぐんをながめる。
⑫ お客さんを車に乗《の》せる。
⑬ 平《びょう》等《どう》な立場に立つ。
⑭ 馬肉《ばにく》を食べる。

教科書 下34〜35ページ　答え 8ページ

65ページ

ぴったり2 練習

モチモチの木　漢字を使おう6

1 ――線の漢字の読みがなを書きましょう。

① 神様におねがいをする。（かみさま）
② 祖《そ》先を祭る。（まつ）
③ 近所の歯科に通う。（しか）
④ 急な坂道を歩く。（さかみち）
⑤ 薬箱からかぜ薬を出す。（くすりばこ）
⑥ 熱《ねっ》湯に注意《ちゅうい》して取り出す。（とう）
⑦ レストランで洋食を食べる。（ようしょく）
⑧ 父は日本酒がすきだ。（にほんしゅ）

2 □に漢字を書きましょう。

① つい鼻歌《はなうた》が出る。
② 昔の神話《しんわ》を読む。
③ 明日は祭日《さいじつ》だ。
④ 白い歯《は》を見せてわらう。
⑤ 医者《いしゃ》から話を聞く。
⑥ きょう里《り》にもどる。
⑦ 二つの薬品《やくひん》をまぜる。
⑧ 母に空き箱《ばこ》をもらう。
⑨ ぬるま湯《ゆ》につかる。
⑩ 筆箱《ふでばこ》をわすれる。
⑪ 他国《たこく》で作られた作品。
⑫ 家族との対話《たいわ》を大事にする
⑬ ぬいだ洋服《ようふく》をたたむ。
⑭ 大きな湖《みずうみ》で泳ぐ。

教科書 下38〜57ページ　答え 8ページ

66ページ

ぴったり2 練習

モチモチの木　漢字を使おう6

1 ――線の漢字の読みがなを書きましょう。

① 新しい油田をほる。（ゆでん）
② 落とし物を拾う。（ひろ）
③ 神社でおみくじを引く。（じんじゃ）
④ お湯をわかす。（ゆ）
⑤ ライバルと対決する。（たいけつ）
⑥ 歯医者になるために学校に通う。（はいしゃ）
⑦ びわ湖でバーベキューをする。（こ）
⑧ 鼻水が止まらない。（はなみず）

2 □に漢字を書きましょう。

① 酒《さけ》を飲むのは苦手だ。
② 油絵《あぶらえ》をかく。
③ 神《かみ》だなにおそなえをする。
④ 友人の本箱《ほんばこ》をもらう。
⑤ ごま油《あぶら》を使う。
⑥ となりの家は酒屋《さかや》だ。
⑦ 歯《は》が生える。
⑧ 他《ほか》の人にたのむ。
⑨ 太平洋《たいへいよう》に面している。
⑩ ごみ拾《ひろ》いをする。
⑪ 他人《たにん》のふりをする。
⑫ 毎年夏祭《なつまつ》りが開かれる。
⑬ 坂道《さかみち》を下る。
⑭ 夕食後に薬《くすり》を飲む。

教科書 下38〜57ページ　答え 8ページ

68ページ

ぴったり2 練習

人物の気持ちを表す言葉　いろいろなつたえ方

1 ――線の漢字の読みがなを書きましょう。

① 羊毛《もう》でできた服。（よう）
② 駅長としてはたらく。（えきちょう）
③ 港に船がとまっている。（みなと）
④ 外界からとざされる。（がいかい）
⑤ 音声を聞く。（おんせい）
⑥ 前と同様に考える。（どうよう）
⑦ 羊の数を数える。（ひつじ）
⑧ 文に読点をつける。（とうてん）

2 □に漢字を書きましょう。

① ぼく場に羊《ひつじ》がいる。
② 駅《えき》まで送って行く。
③ 空港《くうこう》にとう着する。
④ 世界《せかい》の国を旅《たび》する。
⑤ 声《せい》ゆうになりたい。
⑥ 同時《どうじ》にボタンをおす。
⑦ 文に読点《とうてん》をうつ。
⑧ ぎょ港《こう》で魚を買う。
⑨ 友人の意見に同感《どうかん》です。
⑩ 国が声明《せいめい》を出す。
⑪ 羊雲《ひつじぐも》が見える。
⑫ 港《みなと》でつりをする。
⑬ いろいろな業界《ぎょうかい》がある。
⑭ 駅前《えきまえ》で待《ま》ち合わせる。

教科書 下58〜63ページ　答え 8ページ

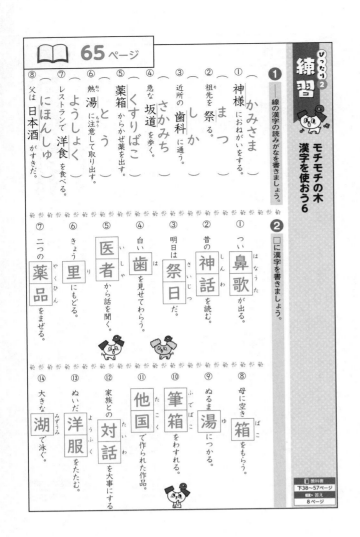

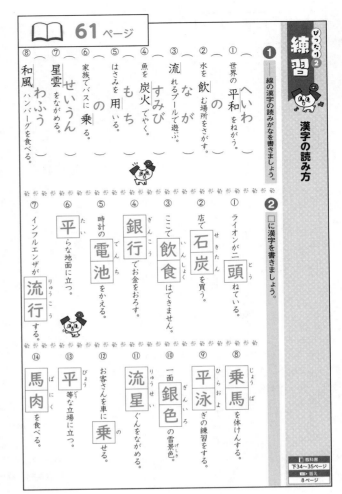

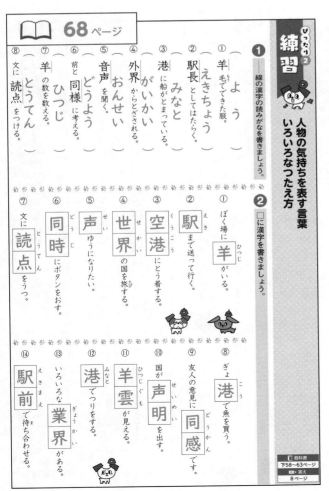

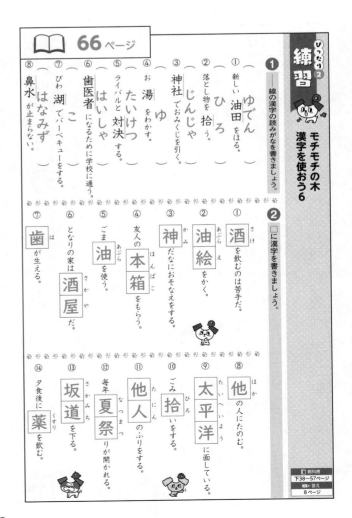

71ページ

ぴったり2 練習

本から発見したことをつたえ合おう　漢字を使おう7

教科書 下64～68ページ　答え 9ページ

1 ――線の漢字の読みがなを書きましょう。

①算数の予習をすませる。（よしゅう）
②先生に相談する。（そうだん）
③反対の意見が多い。（はんたい）
④二学期が終わる。（がっき）
⑤勉学にはげむ。（べんがく）
⑥かれは同級生だ。（どうきゅうせい）
⑦長い列を作っている。（れつ）
⑧きたいに反する。（はん）

2 □に漢字を書きましょう。

①テストの期間《きかん》が決まる。
②進んで勉強《べんきょう》に取り組む。
③学級委員《がっきゅういいん》になる。
④入学式《にゅうがくしき》に出る。
⑤行列《ぎょうれつ》にならぶ。
⑥校長先生と父が面談《めんだん》する。
⑦後ろに体を反《そ》らす。
⑧いやな予感《よかん》がする。
⑨形式《けいしき》にとらわれない。
⑩日本列島《れっとう》は南北に長い。
⑪おこられて反《はん》省《せい》する。
⑫今はさくらの時期《じき》だ。
⑬筆談《ひつだん》で話す。
⑭けっかを予想《よそう》する。

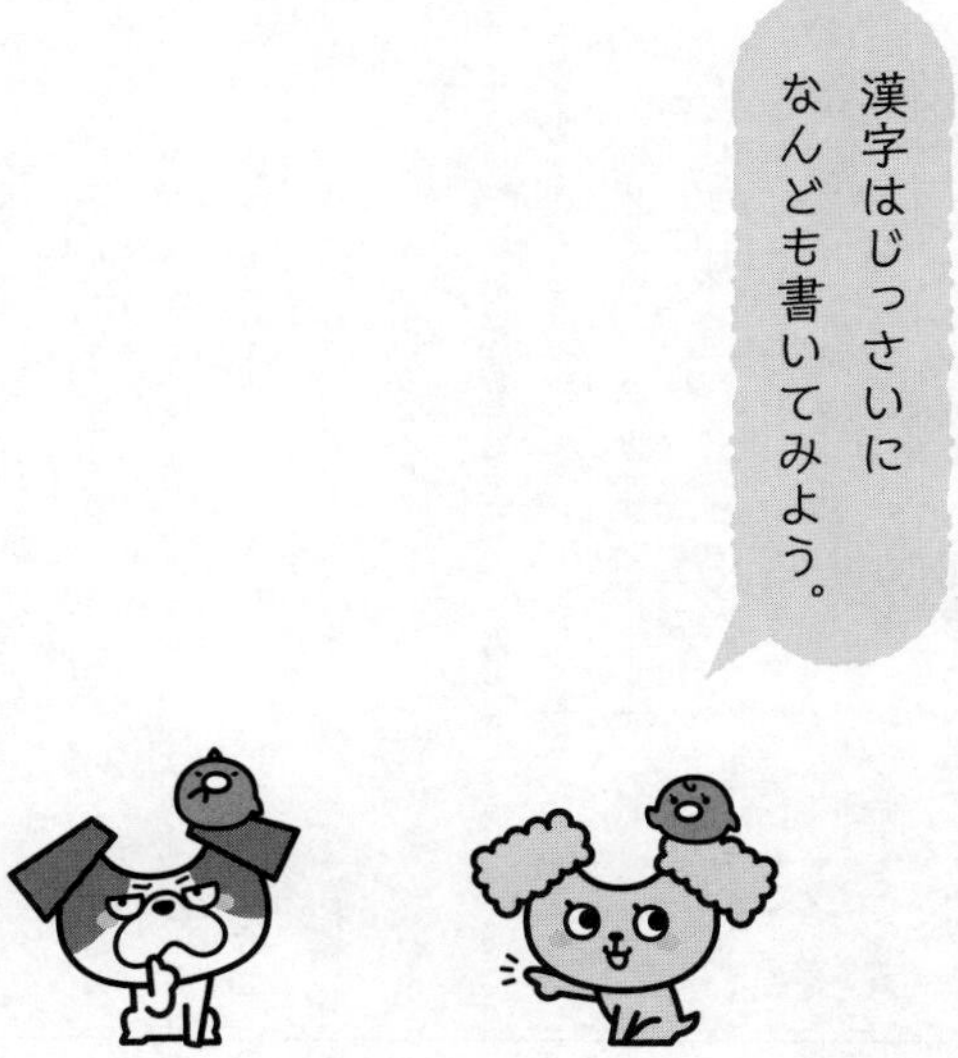

漢字はじっさいになんども書いてみよう。

72ページ

冬のチャレンジテスト①

時間30分　/100　ごうかく80点
教科書 上110～下68ページ　答え 9ページ

1 ――線の漢字の読みがなを書きましょう。　一つ2点(32点)

①この地区には古い薬局が多い。（ちく）（やっきょく）
②真っ赤にもえる太陽を見上げる。（まっか）（たいよう）
③お気に入りの服を何回も着る。（ふく）（き）
④にわで球根をていねいに植える。（きゅうこん）（う）
⑤この道路をまっすぐに進む。（どうろ）（すす）
⑥バスに乗ってクラブに通う。（の）（かよ）
⑦部屋にとても美しい花をかざる。（へや）（うつく）
⑧お客さまの落とした物をとどける。（きゃく）（お）

※②「真っ赤」、⑦「部屋」は、特別《とくべつ》な読み方をする言葉です。
※⑥「通」には、「通（とお）る」という訓読みもあります。

2 □に漢字を入れて、矢印の上と下の言葉が反対の意味になるようにしましょう。　一つ2点(16点)

①負ける ⇔ 勝つ
②片《かた》方 ⇔ 両方
③今 ⇔ 昔
④和風 ⇔ 洋風
⑤捨《す》てる ⇔ 拾う
⑥長い ⇔ 短い
⑦あさい ⇔ 深い
⑧重《おも》い ⇔ 軽い

※①「勝負」、④「和洋」、⑥「長短」というじゅく語もおぼえておきましょう。

73ページ

3 □に漢字を書きましょう。　一つ2点(32点)

※⑫「食」と「飠」の形のちがいに気をつけましょう。

①竹細工《ざいく》のかご。
②役目《やくめ》をはたす。
③楽《らく》な道をえらぶ。
④たなを整理《せいり》する。
⑤豆ふを一丁《いっちょう》買う。
⑥バナナの皮《かわ》をむく。
⑦鉄《てつ》ぼうで遊ぶ。
⑧化石《かせき》を見つける。
⑨角度《かくど》をつけて、ボールを投《な》げる。
⑩病《びょう》院《いん》で注射《ちゅうしゃ》を打《う》つ。
⑪テストを受《う》ける。
⑫温《あたた》かいスープを飲《の》む。
⑬主《おも》なできごと。

4 次の漢字の一画目は、たてですか、横ですか。たてから書くものはア、横から書くものはイと答えましょう。　一つ2点(12点)

①真［イ］　②指［イ］
③服［ア］　④具［ア］
⑤区［イ］　⑥荷［イ］

※⑤はまちがいやすい。一→ア→ヌ→区

5 次の意味をもつじゅく語を、□の中の漢字を組み合わせて作りましょう。（□の中の漢字は、一回しか使えません。）　一つ2点(8点)

行　流　送　研　手　運　究　助

①荷物や品物をはこぶこと。　運送
②物事をくわしく調べて、明らかにすること。　研究
③仕事の手だすけをする人のこと。　助手
④急に世間に広がりふえること。はやり。　流行

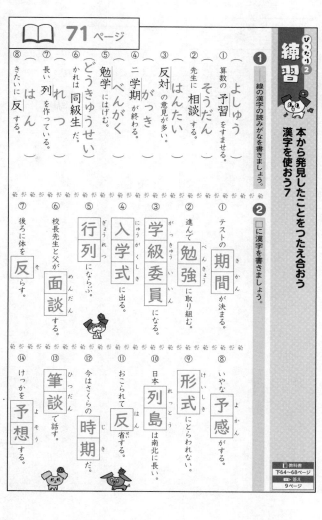

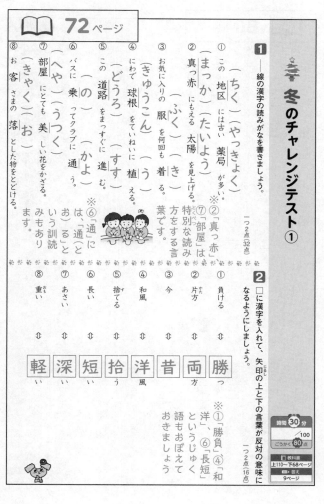

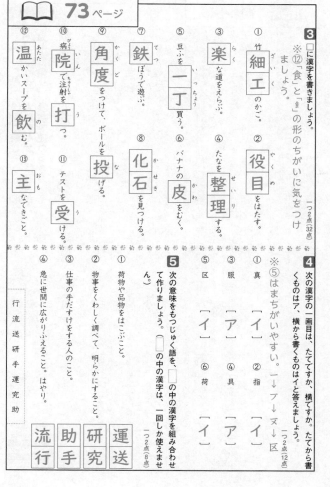

74ページ

冬のチャレンジテスト②

時間30分　/100　ごうかく80点
教科書 上110～下68ページ　答え 10ページ

1 ――線の漢字の読みがなを書きましょう。　一つ2点（34点）

① （すいしん）（みずうみ）　水深 五十メートルの 湖。
② （せきたん）（に）　多くの 石炭 などの 荷 をつんだ船が進む。
③ （はくぎん）（せかい）　白銀 のような 世界 が広がる。
※③「白銀」は、つもった雪をたとえている語です。
④ （さか）（みなと）　坂 の上から 港 が見える。
⑤ （さけ）（の）（どうろ）　酒 を 飲 んで、道路 を歩くのはあぶない。
⑥ （しかい）（は）　歯科医 に、きれいな 歯 だとほめられる。
⑦ （えきまえ）（やっきょく）　駅前 にある新しい 薬局 に行く。
⑧ （てんとう）（ぎょうれつ）　店頭 にとても長い 行列 ができる。

2 ――線のひらがなを、漢字と送りがなに分けて書きましょう。　一つ2点（10点）

① 川がしずかにながれる。　[流 ― れる]
② エネルギーをもちいる。　[用 ― いる]
③ 身だしなみをととのえる。　[整 ― える]
④ 弟のかわりに試合に出る。　[代 ― わり]
⑤ みじかい文章を作る。　[短 ― い]

3 次の漢字の部首名（へん）を書きましょう。　一つ2点（12点）

① 植　[きへん]
② 指　[てへん]
③ 鉄　[かねへん]
④ 坂　[つちへん]
⑤ 陽　[こざとへん]
⑥ 他　[にんべん]
※それぞれの部首は次のとおり。①「木」②「扌」③「金」④「土」⑤「阝」⑥「亻」

75ページ

4 □に漢字を書きましょう。　一つ2点（32点）

① 平野《へいや》が広がる。
② 鼻歌《はなうた》を口ずさむ。
③ 神社《じんじゃ》の祭《まつ》り。
④ 美《び》術《じゅつ》の勉強《べんきょう》。
⑤ 空き箱《ばこ》を捨《す》てる。
⑥ 発声《はっせい》練習をする。
⑦ 春の予感《よかん》。
⑧ 物語の主人公《しゅじんこう》。
⑨ 学級会《がっきゅうかい》の進行役《しんこうやく》をつとめる。
⑩ 研究《けんきゅう》内容《ないよう》の相談《そうだん》をする。
⑪ もうすぐ入学式《にゅうがくしき》の時期《じき》だ。

5 次の□に、上でしめした読み方をする漢字を入れて、じゅく語をかんせいさせましょう。　一つ2点（12点）

① ヨウ
ア 羊毛《もう》のセーターを着る。
イ 洋食を食べる。
※①「洋食」の反対の意味の言葉は「和食」です。

② ユ
ア お湯をわかす。
イ 石油を輸《ゆ》入する。
※②「湯」は、八画目の横画をわすれないようにしましょう。

③ タイ
ア 当番を交代する。
イ ライバルと対決する。

①・②は、それぞれ同じ部分を持つ漢字ですね。

79ページ

ぴったり2 練習

俳句《はいく》に親しもう　カミツキガメは悪者か　漢字を使おう8

1 ――線の漢字の読みがなを書きましょう。

① （あっか）　病気《びょうき》が 悪化 する。
② （ちゅうもく）　世間に 注目 される。
③ （あんき）　漢字を 暗記 する。
④ （かわぎし）　川岸 でくつろぐ。
⑤ （はな）　子どもが親の手から 放 れる。
⑥ （こううん）　幸運 の持ち主。
⑦ （ほう）　ボールを 放 り投げる。
⑧ （てちょう）　予定《よてい》を 手帳 に書きこむ。

2 □に漢字を書きましょう。

① びっくりして悲鳴《ひめい》を上げる。
② さわいで注意《ちゅうい》される。
③ 体調が悪《わる》くなる。
④ 知らせを聞いて悲《かな》しむ。
⑤ 川の対岸《たいがん》にうつる。
⑥ 魚を川に放流《ほうりゅう》する。
⑦ 幸《さいわ》い雨は上がった。

⑧ 新曲《しんきょく》が発表される。
⑨ メモ帳《ちょう》をわすれる。
⑩ 悲《かな》しい気持ちになる。
⑪ 商店《しょうてん》をいとなむ。
⑫ 暗号《あんごう》をかい読する。
⑬ 人の悪口《わるぐち》を言うな。
⑭ ホタルが光を放《はな》つ。

教科書 下70～91ページ　答え 10ページ

80ページ

ぴったり2 練習

俳句に親しもう　カミツキガメは悪者か　漢字を使おう8

1 ――線の漢字の読みがなを書きましょう。

① （ちゅうい）　車に 注意 する。
② （くら）　画面が 暗 くなる。
③ （わる）　天気が 悪 くなる。
④ （かいがん）　海岸 にそって進む。
⑤ （はな）　海へ魚を 放 す。
⑥ （しあわ）　幸 せなことがつづく。
⑦ （しょうひん）　新しい 商品 を買う。
⑧ （しょうわ）　祖母《そぼ》は 昭和 生まれだ。

2 □に漢字を書きましょう。

① お茶をカップに注《そそ》ぐ。
② 暗算《あんざん》はとく意だ。
③ 悪人《あくにん》をこらしめる。
④ 悲《ひ》げきてきなニュース。
⑤ 荷物を岸《きし》に上げる。
⑥ 校内放送《ほうそう》を聞く。
⑦ 幸運《こううん》な出来事。

⑧ 悲《かな》しい物語を読む。
⑨ 商売《しょうばい》がうまくいく。
⑩ 銀行の通帳《つうちょう》。
⑪ 毎朝新聞《しんぶん》を読む。
⑫ 新年《しんねん》が明ける。
⑬ 八百屋《やおや》で買い物をする。
⑭ 竹林《ちくりん》でまよう。

教科書 下70～91ページ　答え 10ページ

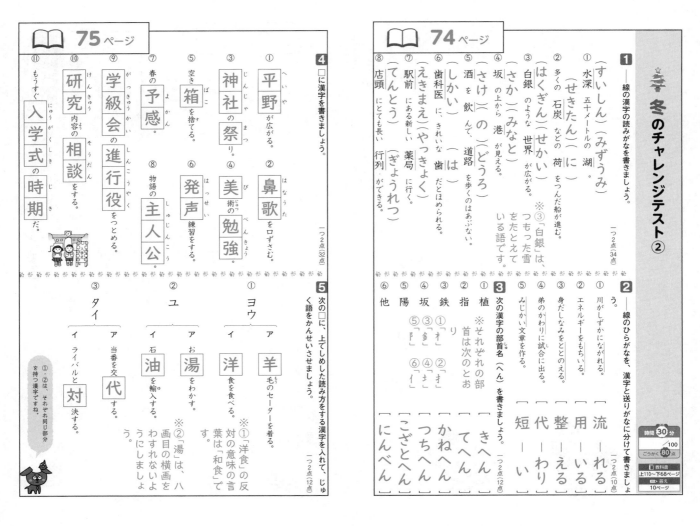

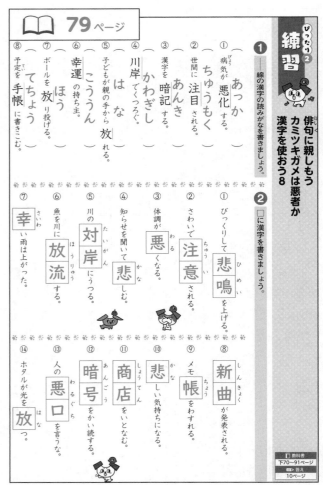

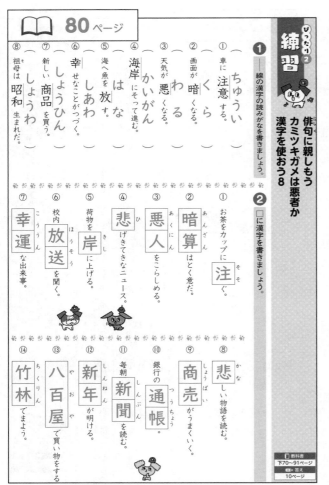

83ページ

ぴったり2 練習

道具のうつりかわりを説明しよう
漢字を使おう9
くわしく表す言葉

❶ ――線の漢字の読みがなを書きましょう。

① ルールを定める。（さだ）
② すなはまで転ぶ。（ころ）
③ 幸福な思い出。（こうふく）
④ 二本のリボンは長さが等しい。（ひと）
⑤ 昔、王宮のあった場所。（おうきゅう）
⑥ 走って追いかける。（お）
⑦ 春の庭園を歩く。（ていえん）
⑧ 試《し》合前に合宿を行う。（がっしゅく）

❷ □に漢字を書きましょう。

① 新しい車庫《しゃこ》をたてる。
② 友だちが転校《てんこう》する。
③ 物語の第一章《だいいっしょう》を読む。
④ 福引《ふくび》きで一等が当たる。
⑤ ケーキを三等分《さんとうぶん》する。
⑥ 天気が安定《あんてい》する。
⑦ 近所のお宮《みや》にまいる。
⑧ 店先で雨宿《あまやど》りする。
⑨ 真理を追求《ついきゅう》する。
⑩ 庭《にわ》のそうじをする。
⑪ 古都《こと》をめぐる。
⑫ 宿題《しゅくだい》を終わらせる。
⑬ 大切な品を金庫《きんこ》に入れる。
⑭ 福《ふく》わらいをして遊ぶ。

教科書 下100〜109ページ
答え 11ページ

84ページ

ぴったり2 練習

道具のうつりかわりを説明しよう
漢字を使おう9
くわしく表す言葉

❶ ――線の漢字の読みがなを書きましょう。

① 知《ち》しきを定着させる。（ていちゃく）
② タイヤが回転する。（かいてん）
③ 第三者に聞いてみる。（だいさんしゃ）
④ みんなに祝《しゅく》福される。（ふく）
⑤ 平等におかしを配る。（びょうどう）
⑥ 宮中で育ったおひめ様。（きゅうちゅう）
⑦ 国外に追放する。（ついほう）
⑧ 海の近くの宿にとまる。（やど）

❷ □に漢字を書きましょう。

① 新しいれいぞう庫《こ》がとどく。
② 大きな球を転《ころ》がす。
③ 安全第一《だいいち》で作業をする。
④ 母はよく大福《だいふく》もちを食べる。
⑤ リレーで一等《いっとう》になる。
⑥ 今日は定休日《ていきゅうび》だ。
⑦ 子どもを宿《やど》す。
⑧ うさぎを小屋から追《お》い出す。
⑨ 全員が校庭《こうてい》に集まる。
⑩ 古代《こだい》の人のくらしを学ぶ。
⑪ まどからの転落《てんらく》をふせぐ。
⑫ 三角定《さんかくじょう》規《ぎ》
⑬ 庭先《にわさき》で話す。
⑭ 力の大きさが等《ひと》しい。

教科書 下100〜109ページ
答え 11ページ

88ページ

ぴったり2 練習

ゆうすげ村の小さな旅館
漢字を使おう10
漢字の組み立てと意味

❶ ――線の漢字の読みがなを書きましょう。

① 外国へ旅行する。（りょこう）
② お皿を重ねる。（かさ）
③ 畑作がさかんな地いき。（はたさく）
④ 心からお礼を言う。（れい）
⑤ 病気がなおる。（びょうき）
⑥ 飛行機《ひこうき》が消息をたった。（しょうそく）
⑦ ここは三階です。（さんかい）
⑧ 重いリュックをせおう。（おも）

❷ □に漢字を書きましょう。

① 旅人《たびびと》と出会う。
② 少し息《いき》を止める。
③ 教室は二階《にかい》にある。
④ 重大《じゅうだい》な発表がある。
⑤ 畑《はたけ》にたねをまく。
⑥ 去年《きょねん》の三月の出来事。
⑦ 朝礼《ちょうれい》であいさつをする。
⑧ 駅で父を待《ま》つ。
⑨ 数秒間《すうびょうかん》、動かない。
⑩ 病《やまい》にうち勝つ。
⑪ 汽笛《きてき》を鳴らす。
⑫ 寒波《かんぱ》がおしよせる。
⑬ 日本の首都《しゅと》は東京だ。
⑭ 少数《しょうすう》の意見を大事にする。

教科書 下110〜129ページ
答え 11ページ

89ページ

ぴったり2 練習

ゆうすげ村の小さな旅館
漢字を使おう10
漢字の組み立てと意味

❶ ――線の漢字の読みがなを書きましょう。

① 多数の人がえらんだ。（たすう）
② 過《か》去に起きたことを調べる。（こ）
③ 土地を切り開く。（とち）
④ 自力でなしとげる。（じりき）
⑤ きびしい口調で話す。（くちょう）
⑥ 笛を鳴らす。（ふえ）
⑦ 二《ふた》重まぶた（え）
⑧ 波風を立てない。（なみかぜ）

❷ □に漢字を書きましょう。

① 外国に旅《たび》に出る。
② 冬は息《いき》が白くなる。
③ だん階《かい》をふむ。
④ 相手の意見をそん重《ちょう》する。
⑤ 畑仕事《はたしごと》をする。
⑥ いそいでその場を去《さ》る。
⑦ 十分に礼《れい》をつくす。
⑧ ますます重《おも》みがます。
⑨ 医者から病名《びょうめい》を聞く。
⑩ 童話《どうわ》を読み聞かせる。
⑪ 秒速《びょうそく》十メートル。
⑫ 一文字だけ消去《しょうきょ》する。
⑬ 結果《けっか》を期待《きたい》してまつ。
⑭ 来月の予定が重《かさ》なる。

教科書 下110〜129ページ
答え 11ページ

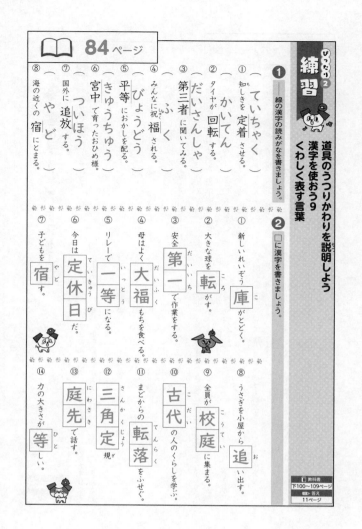

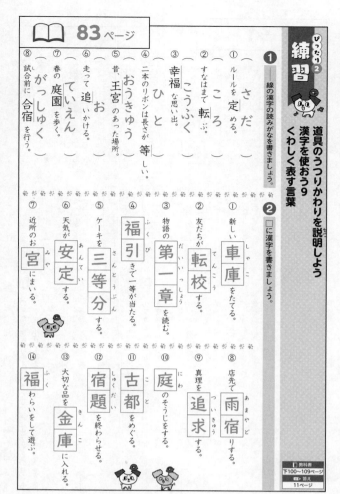

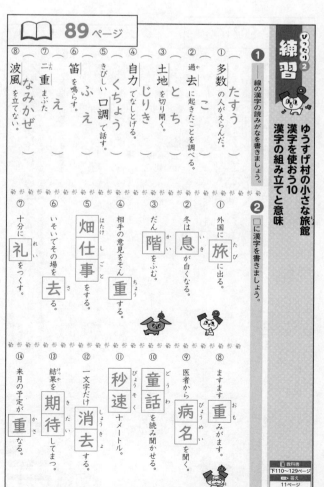

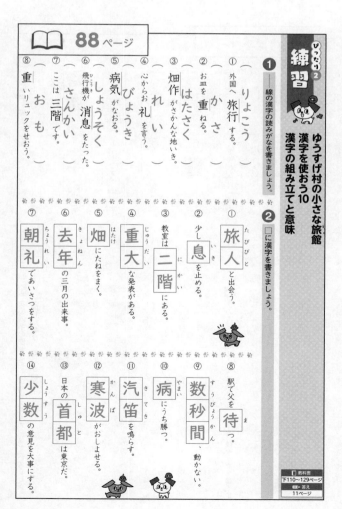

春のチャレンジテスト①

時間30分　／100　ごうかく80点
教科書 下70～下129ページ　答え 12ページ

90ページ

1 ――線の漢字の読みがなを書きましょう。　一つ2点（30点）

① 竹林（ちくりん）のおくは、とても暗（くら）い。
② 波（なみ）うちぎわで妹と追（お）いかけっこをする。
③ 校庭（こうてい）でいきおいよく転（ころ）んでけがをした。
④ 童話（どうわ）の読み聞かせ会を去年（きょねん）から始めた。
⑤ やさしい口調（くちょう）で話すすもうの力（りき）し。
⑥ 少年（しょうねん）は体の調子が悪（わる）いようだ。
⑦ 幸（しあわ）せをいのりに、お宮（みや）へ行く。
⑧ 人気のある八百屋（やおや）さん。

2 次の字は、同じ漢字でもそれぞれちがう読み方をします。読みがなを書きましょう。　一つ1点（8点）

① 重い（おも）　重なる（かさ）　重点（じゅう）
② 予定（てい）　定め（さだ）　規定（じょう）
③ 波音（なみ）　電波（ぱ）

3 （　）の意味になるよう、□に漢字を書きましょう。　一つ2点（8点）

① 水を打《う》ったよう（多数の人が、しずまりかえっている状態《じょうたい》。）
② 一世一代《だい》（一生のうち、二度とないような重大なこと。）
③ 火に油を注《そそ》ぐ（さわぎをより大きくしてしまうこと。）
④ さじを投《な》げる（見こみがなく、あきらめること。）

91ページ

4 □に漢字を書きましょう。　一つ2点（36点）

※⑥「第」から「⺮」を取ると、「弟（おとうと）」です。

① 岸《きし》辺《べ》で休息《きゅうそく》する。
② 悲鳴《ひめい》を上げる。
③ 中古《ちゅうこ》の商品《しょうひん》。
④ 昭和《しょうわ》生まれ
⑤ 昔《むかし》のれいぞう庫《こ》。
⑥ 第一回《だいいっかい》目大会。
⑦ ビルの二階《にかい》で待《ま》つ。
⑧ 一等《いっとう》賞《しょう》
⑨ 旅行《りょこう》で宿《やど》にとまる。

※⑨「旅」の右の部分の形に気をつけましょう。

⑩ 悪口《わるぐち》を注意《ちゅうい》する。
⑪ 新聞《しんぶん》の切りぬきを手帳《てちょう》にはる。

5 次の言葉を国語辞典で調べたとき、先に出てくるのはどちらですか。記号で答えましょう。　一つ2点（6点）

① ア 曲線　イ 研究　［ア］
② ア 多分　イ 苦しい　［イ］
③ ア 細い　イ 細かい　［イ］

※国語辞典の言葉は、あいうえお順《じゅん》にならんでいます。

6 次の文から、まちがっている漢字をぬき出して、正しい漢字を書きましょう。　上は一つ1点、下は一つ2点（12点）

① ラジオの方送《ほうそう》が始《はじ》まる。　×方　○放
② ヨットで太平羊《たいへいよう》を横《おう》だんする。　×羊　○洋

※「羊」は、「ひつじ」という意味です。

③ 草由《くさぶえ》をふく練習《れんしゅう》をする。　×由　○笛
④ 黒板《こくばん》に柱目《ちゅうもく》する。　×柱　○注

春のチャレンジテスト②

時間30分　／100　ごうかく80点
教科書 下70～下129ページ　答え 12ページ

92ページ

1 ――線の漢字の読みがなを書きましょう。　一つ2点（36点）

① 王宮（おうきゅう）でじょうずに笛（ふえ）をふく。
② 去年（きょねん）の春から畑仕事（はたけしごと）にはげんでいる。
③ 運が悪（わる）く重（おも）い病気（びょうき）にかかる。
④ 文庫（ぶんこ）本の発売を待（ま）っている。
⑤ その土地（とち）のニュースがのった新聞（しんぶん）。
⑥ 商店（しょうてん）街《がい》の福引（ふくび）きで一等（いっとう）を引く。
⑦ 五十メートルを八秒（びょう）で走り息（いき）が切れる。
⑧ 自転車（じてんしゃ）に乗るときのルールを定（さだ）める。

2 □に漢字を入れて、矢印《じるし》のとおりに読むと、正しいじゅく語や言葉になります。当てはまる漢字を、考えて書きましょう。　一つ4点（16点）

※「庭」には、「テイ」「にわ」の二つの読みがあります。

① 家→庭→木　校→庭→園
② 明→暗→黒　算←暗→記
③ 二→重→荷　体→重→点
④ 追→放→か後　水←放→送

矢印の向きをかくにんしよう。

93ページ

3 □に漢字を書きましょう。　一つ2点（28点）

① 宿題《しゅくだい》の内ようを手帳《てちょう》に書く。
② 平等《びょうどう》になるように注意《ちゅうい》する。
③ 多様《たよう》性《せい》を第一《だいいち》に考える。
④ 海岸《かいがん》に波《なみ》がよせる。
⑤ 昭和《しょうわ》三十年にできた病院《びょういん》。
⑥ まっ暗《くら》になり、悲鳴《ひめい》を上げる。
⑦ ていねいな口調《くちょう》でお礼《れい》を言う。

4 次の漢字の部首名を、後からえらんで記号で答えましょう（同じ記号は一回しか使えません）　一つ1点（10点）

① 悪（ス）　② 庫（エ）　③ 追（サ）
④ 波（ク）　⑤ 昭（ケ）　⑥ 等（コ）
⑦ 待（オ）　⑧ 階（カ）　⑨ 宿（シ）
⑩ 転（ア）

ア くるまへん　イ ころもへん　ウ しめすへん
エ まだれ　オ ぎょうにんべん　カ こざとへん
キ にすい　ク さんずい　ケ ひへん
コ たけかんむり　サ しんにょう　シ うかんむり
ス こころ

5 次の言葉は、とくべつな読み方をします。読みがなを書きましょう。　一つ2点（10点）

① 真面目（まじめ）　② 真っ赤（まっか）　③ 八百屋（やおや）
④ 真っ青（まっさお）　⑤ 部屋（へや）

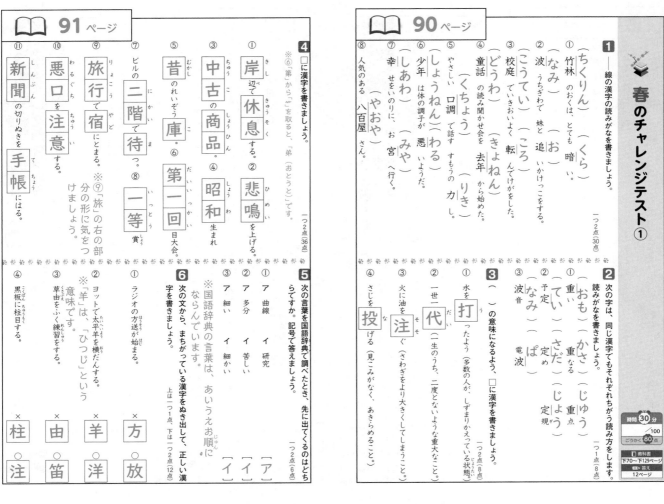

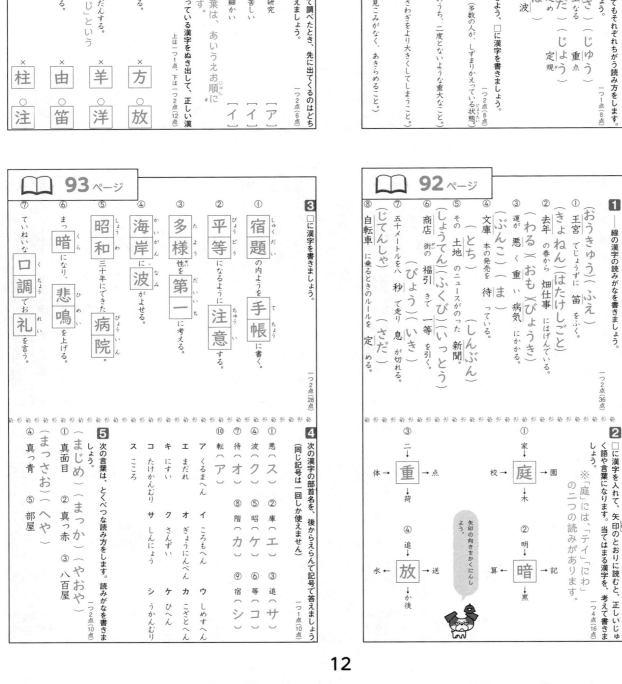

学力しんだんテスト①

3年 漢字のまとめ

学力しんだんテスト①

名前

月　日

時間 30分

ごうかく80点　／100

答え 13ページ

1 ——線の漢字の読みがなを書きましょう。　一つ1点（25点）

① 安全第一（あんぜんだいいち）で、ていねいに作業（さぎょう）をする。
② 大きな庭園（ていえん）のある家に住（す）みたい。
③ あまりの寒（さむ）さに、いつもより早く起（お）きた。
④ このあたり一面（いちめん）は、冬になると銀世界（ぎんせかい）となる。
⑤ 大豆（だいず）をたくさん使（つか）った食事をつくる。
⑥ 勝者（しょうしゃ）には、ハワイ旅行（りょこう）をプレゼントします。
⑦ この県（けん）の人口《こう》は、わたしの住む県の二倍（にばい）だ。
⑧ 新緑（しんりょく）があざやかでとても美（うつく）しい。
⑨ 向（む）こうの岸（きし）まで、がんばって泳（およ）いでわたる。
⑩ 軽（かる）い足取りで屋上（おくじょう）にのぼった。
⑪ 羊（ひつじ）をそだてている農家（のうか）。
⑫ 研究（けんきゅう）の記ろくをうっかり消去（しょうきょ）してしまった。

2 □に漢字を書きましょう。　一つ1点（25点）

① 板《いた》にくぎを打《う》ちつける。
② これは兄がとった写真《しゃしん》の、ほんの一部《いちぶ》です。
③ 集合《しゅうごう》時間をきちんと守《まも》ろう。
④ この橋《はし》は、ずいぶん昔《むかし》からこわれている。
⑤ 今度《こんど》のゲームの相手《あいて》は、強そうだ。
⑥ 定員《ていいん》をこえて乗《の》ってはいけない。
⑦ 主語《しゅご》のわかりにくい文章《ぶんしょう》。
⑧ 弟が落《お》とした本を拾《ひろ》う。
⑨ あの坂道《さかみち》を上ると、目と鼻《はな》の先だ。
⑩ 駅《えき》の中央《ちゅうおう》口で待《ま》っている。
⑪ 日本列島《れっとう》を、台風が横《よこ》切る。
⑫ 理科で化石《かせき》の勉強《べんきょう》をしている。

➡うらにも問題があります。

3 次の□に漢字を入れて、矢印《じるし》のとおりに読むと、正しいじゅく語や言葉になります。当てはまる漢字を、考えて書きましょう。　一つ2点（8点）

① 階↓　学→　級　←進　↓友
② 水↓　等←　平　→和　↓泳ぎ
※②「平」は、「ヘイ・ビョウ」の二つの読み方があります。
③ 和↓　画←　洋　→風　↓食
④ 植↓　荷→　物　→体　↓音
※③ここでの「洋」は、西洋という意味です。

4 次の漢字の部首名を、後からえらんで記号で答えましょう。（同じ記号は一回しか使いません）　一つ2点（10点）

① 詩（ク）　② 悪（キ）　③ 深（エ）
④ 進（オ）　⑤ 題（カ）

ア にんべん　イ たけかんむり　ウ にすい
エ さんずい　オ しんにょう　カ おおがい
キ こころ　ク ごんべん

※左の部分を「へん」、右の部分を「つくり」といいます。

5 次の「つくり」は、あとに出てくる三つの「へん」の、どれを組み合わせれば漢字を作ることができますか。記号で答えましょう。　一つ1点（9点）

① 士（イ）　② 羊（ア）　③ 巷（ア）
④ 艮（ウ）　⑤ 喬（ウ）　⑥ 主（イ）
⑦ 兼（ウ）　⑧ 胡（ア）　⑨ 皮（ア）

ア さんずい　イ にんべん　ウ きへん

6 次の□には、読み方が同じでちがう漢字が入ります。意味を考えて、当てはまる漢字を書きましょう。　一つ1点（13点）

① ア 新しい服《ふく》を買う。　イ 福《ふく》は内、おには外。
② ア ゆうびん局《きょく》　イ おだやかな曲《きょく》調の音楽。
③ ア 漢《かん》字を書く。　イ 感《かん》じのいい人。
④ ア 球速《そく》をはかる。　イ 休息《そく》をとる。
⑤ ア おもしろい発想《そう》。　イ 荷物の発送《そう》。
⑥ ア 気味《み》が悪い。　イ たまごの黄身《み》。　ウ りんごの実《み》。

※⑤アは、思いつき、という意味です。

7 次の漢字には、訓読《くん》みが二つあります。それぞれの読みがなを書きましょう。　一つ1点（10点）

① 消　ア 明かりが消える。〔き〕　イ ろうそくの火を消す。〔け〕
② 苦　ア 苦しいときこそがんばろう。〔くる〕　イ 苦い顔をしている。〔にが〕
③ 開　ア ドアを開ける。〔あ〕　イ 花が開く。〔ひら〕
④ 着　ア 新しいスーツを着る。〔き〕　イ 明日の朝には着くでしょう。〔つ〕
⑤ 負　ア じゃんけんに負ける。〔ま〕　イ 大きなきずを負う。〔お〕

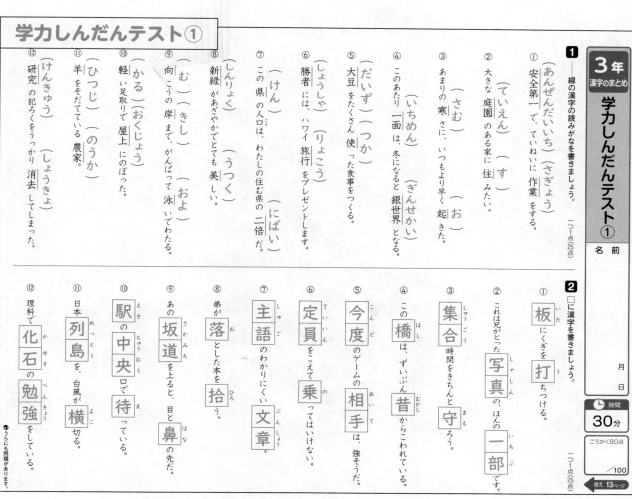

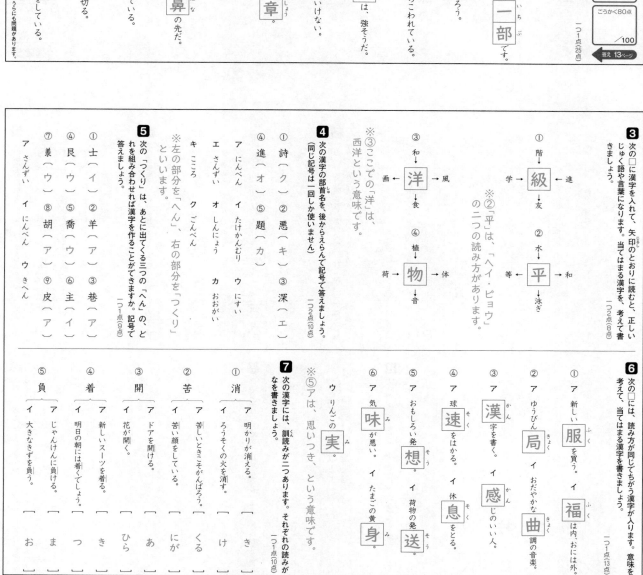

学力しんだんテスト②

3年 漢字のまとめ

学力しんだんテスト②

名前　　月　日

時間 30分　ごうかく80点　／100

答え 14ページ

1 ——線の漢字の読みがなを書きましょう。　一つ1点(25点)

① 目を皿（さら）にして荷物（にもつ）をさがす。
② 図書館（としょかん）で、日本の植物（しょくぶつ）の本を読む。
③ 神社（じんじゃ）で買ったおまもりを金庫（きんこ）に入れる。
④ 両手（りょうて）いっぱいの花たばを受（う）け取る。
⑤ 長旅（ながたび）をようやく終（お）えて、ぶじに帰港（きこう）する。
⑥ 急（きゅう）ブレーキにご注意（ちゅうい）ください。
⑦ この土地は、東京都（とうきょうと）がずっと所有（しょゆう）している。
⑧ 湯上（ゆあ）がりに、スポーツドリンクを飲（の）む。
⑨ 学期（がっき）のはじめには体重（たいじゅう）をはかる。
⑩ 区役所（くやくしょ）は、となり町の三丁目（さんちょうめ）にある。
⑪ 君（きみ）のおかげで、命拾（いのちびろ）いしたよ。
⑫ 一秒（いちびょう）に三十八メートルとんだ打球（だきゅう）。

2 □に漢字を書きましょう。　一つ1点(25点)

① 病気《びょうき》のことを、家族《かぞく》に知らせる。
② 宿題《しゅくだい》ができたら、お祭《まつ》りに行こう。
③ 質《しつ》が悪《わる》かったため、返品《へんぴん》となる。
④ 暗号《あんごう》をメモ帳《ちょう》に記す。
⑤ 湖《みずうみ》で一日中遊《あそ》ぶ。
⑥ 自由《じゆう》でゆたかな発想《はっそう》の絵だ。
⑦ 対等《たいとう》な立場で他人《たにん》と話す。
⑧ 人気の曲《きょく》を口笛《くちぶえ》で練習《れんしゅう》する。
⑨ 運転《うんてん》をするので飲酒《いんしゅ》はしない。
⑩ 九州《きゅうしゅう》地方に局地《きょくち》的《てき》な大雨がふる。
⑪ 道具箱《どうぐばこ》をきれいに整理《せいり》する。
⑫ 鉄道《てつどう》が走っている写真《しゃしん》をとる。

●うらにも問題があります。

3 次の漢字の画数を、数字で書きましょう。　一つ1点(6点)

① 医［七画］　② 様［十四画］
③ 追［九画］　④ 館［十六画］
⑤ 葉［十二画］　⑥ 庫［十画］

4 次の意味をもつじゅく語を、□の漢字を組み合わせて作りましょう。　一つ2点(8点)

① 声ではなく、文字を書いて会話すること。　筆談
② 暑さや寒さ、つめたさやあたたかさのこと。　温度
③ 寒い海のこおりがわれ、ながれたもの。　流氷

筆　氷　度　流　談　温

5 次の□には、同じ読み方の漢字が入ります。当てはまる漢字を□からえらんで書きましょう。　一つ1点(9点)

① ア 今日あった出来事を話す。　イ ハンドルから手を放す。
② ア ドアを開ける。　イ 夜が明ける。　ウ スケジュールを空ける。
③ ア 木に登る。　イ 階段《かいだん》を上る。
④ ア 朝、起きるのが早い。　イ 頭の回転が速い。

明　登　放　早　上　話　開　速　空

6 次の——線のひらがなを、漢字と送りがなに分けて書きましょう。　一つ1点(7点)

① さいわい、けが人はいない。［幸―い］
② うつくしい花がさいた。［美―しい］
③ 顔色にあらわれる。［表―れる］
④ 冬は日がみじかい。［短―い］
⑤ まったくもって分からない。［全―く］
⑥ 地図で道をしらべる。［調―べる］
⑦ しあいがはじまる。［始―まる］

7 次の漢字は、とくべつな読み方をします。読みがなを書きましょう。　一つ1点(7点)

① 真っ赤（まっか）　② 部屋（へや）　③ 真っ青（まっさお）
④ 八百屋（やおや）　⑤ 真面目（まじめ）

8 次の文から、まちがって使われている漢字をぬき出して、正しい漢字を書きましょう。　上は一つ1点、下は一つ2点(15点)

例《れい》 今《いま》は牛後《ごご》三時《じ》だ。　×牛　○午
① 黒坂《こくばん》に字《じ》を書《か》く。　×坂　○板
② 柱《す》みごこちのよい室内《しつない》。　×柱　○住
③ 水泳《すいえい》は全新運動《ぜんしんうんどう》です。　×新　○身
④ 先生《せんせい》にしつ門《もん》する。　×門　○問
⑤ 楽局《やっきょく》で買《か》い物《もの》をする。　×楽　○薬

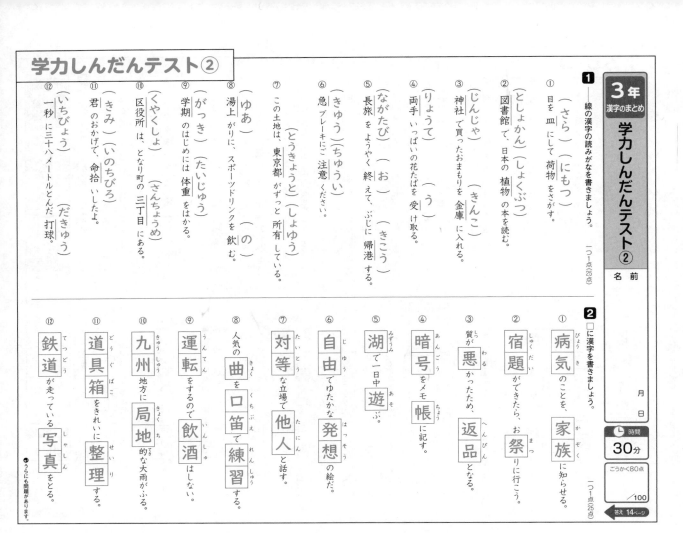

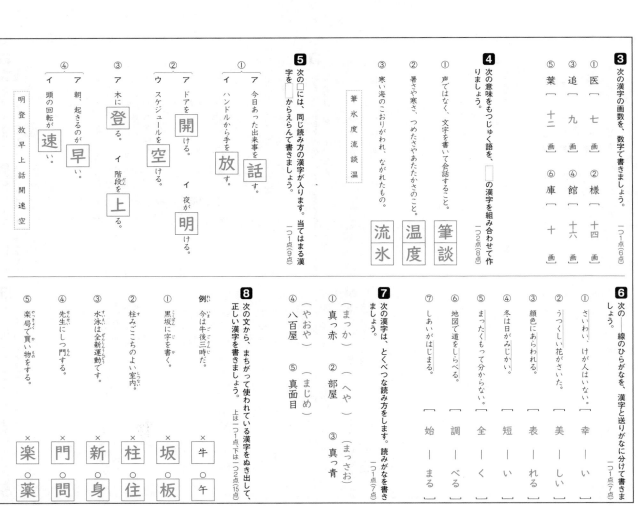

1 ①央 ②州 ③速

2 ①柱 ②意 ③所 ④調

3 ①開 ②速 ③横 ④動 ⑤有

4 ①板 ②委 ③員

5 ①ア ②イ ③ア ④ア

6 ①ア ②イ

7 ①深 ②植 ③代

8 ①期 ②列

9 ①注 ②竹

月　日

ふくしゅう

二年生でならったかん字②

1　――線のかん字の読みがなを書きましょう。

① うさぎが野原をかけめぐる。（　　）

② 朝から頭がいたい。（　　）

③ しつもんに答える。（　　）

④ 大きくなったら牛をかいたい。（　　）

⑤ しずかな場所《しょ》を見つける。（　　）

⑥ 大切にしたい言葉《ば》がある。（　　）

⑦ むかしのことを思い出す。（　　）

⑧ 弟といっしょにプールに行く。（　　）

2　□にかん字を書きましょう。

① □《いま》とむかしをくらべる。

② □□《かいしゃ》にはたくさんの人がいる。

③ □《おや》の心、子知らず。

④ □《とも》だちをさそって遊《あそ》びに行く。

⑤ いつも□《あか》るくむかえてくれる。

⑥ 夏休みの□□《けいかく》を立てる。

⑦ プラモデルを□《く》み立てる。

⑧ 休みの日は□《いえ》ですごす。

⑨ □□《じぶん》の気もちを話す。

⑩ 兄にピアノを□《おそ》わる。

⑪ □□《こうえん》にはブランコがある。

⑫ きのうは□《たの》しいゆめをみた。

⑬ ゆっくりと□《からだ》をうごかす。

⑭ すきなどうぶつの□《え》をかく。

答え 2ページ

月　日

ふくしゅう

二年生でならったかん字③

1 ―線のかん字の読みがなを書きましょう。

①（　）北にむかって歩く。

②（　）学校の近くに住《す》んでいる。

③（　）後ろをふりかえる。

④（　）たいようが雲にかくれる。

⑤（　）先週は天気がよかった。

⑥（　）お昼ごはんを食べる。

⑦（　）友だちに手紙を書く。

⑧（　）ノートとペンを買う。

2 □にかん字を書きましょう。

① 校庭《てい》に白《はく》線を□《ひ》く。

② 花の□《かたち》をしたクッキーを食べる。

③ 父と□《うみ》に行く。

④ □《あたら》しい本を見つけた。

⑤ 夜中に雨が□《つよ》まってきた。

⑥ おどろいて、いきが□《と》まりそうだ。

⑦ 池で□《さかな》がおよいでいる。

⑧ □□《なつやす》みが楽しみだ。

⑨ 日本の□《みなみ》にある国へ行く。

⑩ 明日は、□《はは》の日だ。

⑪ □《あね》からプレゼントをもらう。

⑫ □□《きょうしつ》をそうじする。

⑬ 古い本を□《う》る。

⑭ この□《みち》をまっすぐ行く。

答え
2ページ

月　　日

ふくしゅう　二年生でならったかん字④

答え 2ページ

1　線のかん字の読みがなを書きましょう。

①（　　）日曜日に買いものに行く。

②（　　）この電車は上野《うえの》行きだ。

③（　　）その直前にじけんがおこった。

④（　　）犬をつれて公園に行く。

⑤（　　）遠い国のお話を聞く。

⑥（　　）父はこのあたりの地理にくわしい。

⑦（　　）学校の帰り道で兄に会った。

⑧（　　）羽のついたぼうしをかぶる。

2　□にかん字を書きましょう。

① 大きな声で□《うた》をうたう。

② □□《ごご》三時におやつを食べる。

③ 大きな白い□《とり》を見た。

④ □《うま》のたてがみにさわる。

⑤ 人気のテレビ□□《ばんぐみ》を見る。

⑥ □《ほそ》くて長い線を書く。

⑦ □《ゆみ》で矢をいる。

⑧ この町にはお□《てら》が多い。

⑨ □《くろ》い雲が広がっていく。

⑩ ようやく風が□《よわ》まってきた。

⑪ □□《まいあさ》ごはんを食べる。

⑫ □□《とうきょう》タワーにのぼる。

⑬ つめたい□□《むぎちゃ》を飲《の》む。

⑭ □《おな》じことをくりかえす。

ぴったり1 じゅんび

すいせんのラッパ かん字をつかおう1

教科書 上16〜29ページ

新しく学習するかん字

葉 起 速 面 向 緑 感 豆 物 様 仕 練 習 州 央 横 倍

月　日

教科書上 19 ページ

葉

ヨウ
は

長く　三画で書く　とめる

つかい方

みんなで紅葉《こうよう》を見《み》に行《い》く。
大《おお》きな葉《は》っぱ。
落《お》ち葉《ば》を拾《ひろ》う。

書き順：1〜12

葉（くさかんむり《くさかんむり》）　12画

部首《ぶしゅ》

「葉」の部首《ぶしゅ》は、「くさかんむり」だよ。

葉

教科書上 19 ページ

起

キ
おきる
おこる
おこす

上にはねる　長くはらう

つかい方

選手《せんしゅ》を起用《きよう》する。
朝早《あさはや》くに起《お》きる。
火事《かじ》が起《お》こる。

書き順：1〜10

走（そうにょう）　10画

反対《はんたい》の意味《いみ》の言葉

起《お》きる
ねる

教科書上 19 ページ

速

ソク
はやい
はやまる
はやめる
◆すみやか

一画で書く　とめる　はらう

つかい方

速度《そくど》を上《あ》げる。
流《なが》れが速《はや》い川《かわ》。
足《あし》を速《はや》める。

書き順：1〜10

辶（しんにょう・しんにゅう）　10画

言葉のつかい分け

速《はや》い—速度《そくど》のときに使《つか》う。
早い—時間のときに使う。

教科書上 20 ページ

面

メン
◆おも
◆おもて
◆つら

同じくらいあける　同じくらいあける

つかい方

地面《じめん》をけってジャンプする。
読《よ》む場面《ばめん》をえらぶ。
水面《すいめん》に顔《かお》がうつる。

書き順：1〜9

面（めん）　9画

反対《はんたい》の意味《いみ》の言葉

正面《しょうめん》
はい面《めん》

教科書上 20 ページ

向

コウ
むく
むける
むかう
むこう

つける　はねる

つかい方

駅《えき》の方向《ほうこう》へ歩《ある》く。
話《はな》している人《ひと》のほうを向《む》く。
つくえに向《む》かう。

書き順：1〜6

口（くち）　6画

形のにた漢字

向《む》こう岸《ぎし》
何気なく見る。

月　日

教科書上22ページ

緑

リョク
みどり
◆ロク

むきにちゅうい　はねる

つかい方

新緑《しんりょく》の季節《きせつ》になる。
緑茶《りょくちゃ》を飲《の》む。
緑色《みどりいろ》の絵《え》の具《ぐ》を使《つか》う。

字の形に注意《ちゅうい》

緑

緑　いとへん
14画

教科書上23ページ

感

カン

わすれない　はねる

つかい方

映画《えいが》を見《み》て感動《かんどう》する。
感謝《かんしゃ》の気持《きも》ちをもつ。
自然《しぜん》の風《かぜ》を感《かん》じる。

字の形に注意《ちゅうい》

感

感　こころ
13画

教科書上23ページ

豆

トウ
ズ
まめ

長く

つかい方

豆《とう》ふにしょう油《ゆ》をかける。
大豆《だいず》を使《つか》った料理《りょうり》。
節分《せつぶん》に豆《まめ》まきをする。

いろいろな読み方

えだ豆《まめ》となっ豆《とう》を食べる。

豆　まめ
7画

教科書上26ページ

物

ブツ
モツ
もの

とめる　はねる

つかい方

有名《ゆうめい》な人物《じんぶつ》と出会《であ》う。
協力《きょうりょく》して荷物《にもつ》を運《はこ》ぶ。
物語《ものがたり》を音読《おんどく》する。

反対《はんたい》の意味《いみ》の言葉

本物《ほんもの》

にせ物《もの》

物　うしへん
8画

教科書上26ページ

様

ヨウ
さま

一画で書く　「水」にしない

つかい方

友《とも》だちの様子《ようす》を見《み》に行《い》く。
いろいろなも様《よう》の折《お》り紙《がみ》。
王様《おうさま》に手紙《てがみ》を書《か》く。

字の形に注意《ちゅうい》

様

様　きへん
14画

教科書上26ページ

仕

シ
つかえる
◆ジ

「士」にしない

つかい方

今日《きょう》の仕事《しごと》が終《お》わる。
時計《とけい》の仕組《しく》みを知《し》る。
王様《おうさま》に仕《つか》える。

字の形に注意《ちゅうい》

仕

仕　にんべん
5画

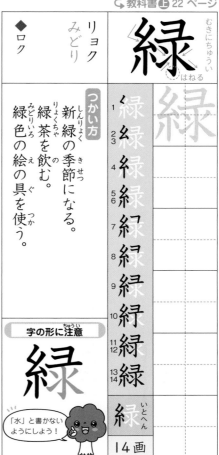

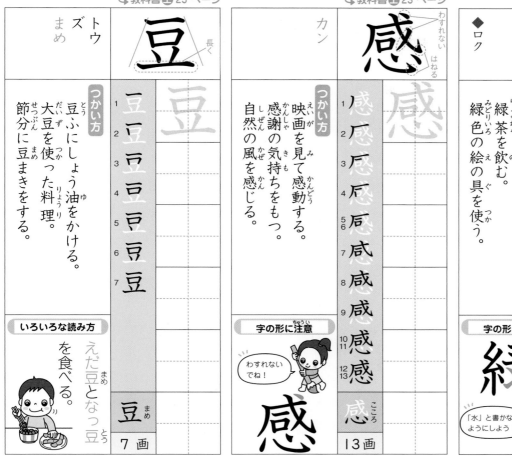

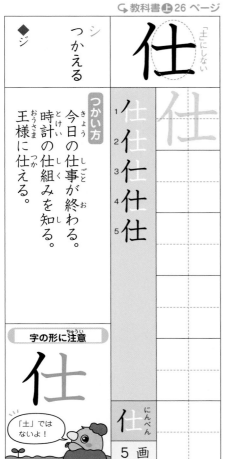

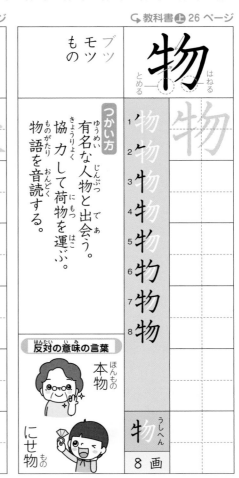

教科書上29ページ

練

レン　ねる

はらう

つかい方

くり返《かえ》し練習《れんしゅう》をする。
ひなん訓練《くんれん》をする。
小麦粉《こむぎこ》を練《ね》る。

糸 いとへん　14画

いろいろな読み方

パンを作る練習《れんしゅう》で生地《きじ》を練《ね》る。

教科書上29ページ

習

シュウ　ならう

はねる　「日」にしない

つかい方

学習《がくしゅう》に取《と》り組《く》む。
何回《なんかい》も練習《れんしゅう》する。
習字《しゅうじ》を習《なら》う。

羽 はね　11画

字の形に注意《ちゅうい》

習

「日」と書かないようにね！
白

教科書上29ページ

州

シュウ　◆す

いちばん長く　はらう　とめる

つかい方

九州一周《きゅうしゅういっしゅう》の旅《たび》に出《で》る。
本州《ほんしゅう》の形《かたち》をなぞる。
信州《しんしゅう》をめぐる。

川 かわ　6画

筆《ひつ》じゅん

州

左から書くんだね！

教科書上29ページ

央

オウ

出る　出る　つける

つかい方

運動場《うんどうじょう》の中央《ちゅうおう》に集《あつ》まる。
円《えん》の中央《ちゅうおう》に立《た》つ。
はがきの中央《ちゅうおう》に書《か》く。

大 だい　5画

かん字の意味《いみ》

「央」は、中心《ちゅうしん》の意味《いみ》をもつ。

ここ！

教科書上29ページ

横

オウ　よこ

つける　とめる

つかい方

横断歩道《おうだんほどう》をわたる。
首《くび》を横《よこ》にふる。
子《こ》どもの横顔《よこがお》を見《み》る。

木 きへん　15画

対《つい》になる言葉

横笛《よこぶえ》
たて笛《ぶえ》

教科書上29ページ

倍

バイ

立てる　長く

つかい方

二倍《にばい》、三倍《さんばい》とふえていく。
倍《ばい》の人数《にんずう》になる。
人一倍《ひといちばい》やさしい姉《あね》。

亻 にんべん　10画

かん字の意味《いみ》

「倍」だけで二倍《にばい》を表《あらわ》す。

倍

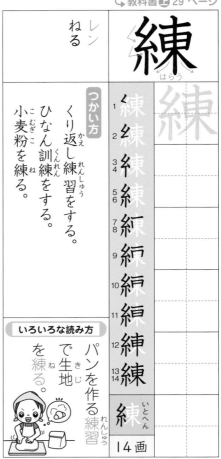

月　　日

読み方が新しいかん字

かん字	読み方	つかい方	前に出た読み方
子	ス	様子《ようす》を見《み》る	子《こ》ども　男子《だんし》
話	ワ	話題《わだい》に出《で》る	話《はなし》　話《はな》す
語	かたる　かたらう	話《はなし》を語《かた》る	国語《こくご》
早	ソウ	早朝《そうちょう》に出《で》かける	早《はや》い　早《はや》まる
歩	ホ	二歩《にほ》下《さ》がる	歩《ある》く　歩《あゆ》む
道	ドウ	横《おう》だん歩道《ほどう》	道《みち》
合	ゴウ	合計《ごうけい》する	合《あ》う

「州」の部首《ぶしゅ》は「川」(かわ)だよ。筆《ひっ》じゅんに注意《ちゅうい》しよう。

かん字クイズ1

☆ 文に合うかん字をえらんで、正しい方に○をつけましょう。

答え15ページ

① 中（　）横（　）央を歩く。

② 九（　）川（　）州のおみやげを買う。

③ 走る（　）速（　）早さをきそう。

月　日

ぴったり2 練習

すいせんのラッパ
かん字をつかおう1

教科書 上18〜29ページ
答え 3ページ

1 ――線のかん字の読みがなを書きましょう。

①（　）アメリカは五十の州がある。

②（　）毎日野球《やきゅう》を練習する。

③（　）水面をのぞく。

④（　）有《ゆう》名な物語を聞く。

⑤（　）大きな力を感じる。

⑥（　）毎朝、妹を起こす。

⑦（　）本物のダイヤでできた首かざり。

⑧（　）横だん歩道を歩く。

2 □にかん字を書きましょう。

① □□《そうちょう》からじゅんびする。

② そのせん手を□□《きよう》する。

③ □□《ばいそく》でえいがを見る。

④ ねんどを□《ね》る。

⑤ □□《きゅうしゅう》へ旅行《りょこう》する。

⑥ あの人は有《ゆう》名な□□《じんぶつ》だ。

⑦ あなたの行動《こうどう》に□□《かんしん》します。

⑧ □《まめ》を使《つか》ったスープ。

⑨ 学校でひなんくん□《れん》をする。

⑩ 友だちの□□《よこがお》の絵をかく。

⑪ □□《だいず》は体によい。

⑫ □□《にばい》にかく大する。

⑬ □□《じめん》に立つ。

⑭ えいよういっぱいの□□《しょくもつ》。

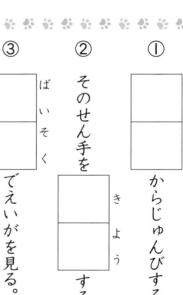

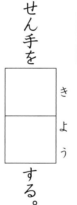

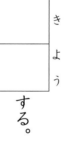

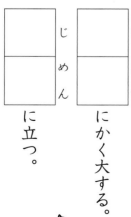

ぴったり2 練習

すいせんのラッパ かん字をつかおう1

教科書 上16～29ページ
答え 3ページ

月　日

1 ――線のかん字の読みがなを書きましょう。

① かれ葉をひろう。（　　）
② 仕方なくさんかした。（　　）
③ 足を速めてすすむ。（　　）
④ 話の語り手。（　　）
⑤ 家で学習に取《と》り組む。（　　）
⑥ 朝早く起きる。（　　）
⑦ 向こうの空を見る。（　　）
⑧ 緑茶を飲《の》むことがすきだ。（　　）

2 □にかん字を書きましょう。

① 楽しそうな□□《ようす》だ。
② 車の□□《しく》みを学ぶ。
③ 秋はこう□《よう》がきれいだ。
④ ピアノを十年□《なら》っている。
⑤ 友だちと□□《かいわ》する。
⑥ 家から学校へ□《む》かう。
⑦ □《はや》いボールを投《な》げる。

⑧ 電車の□《そく》度《ど》を上げる。
⑨ 王子□《さま》に一度《ど》会ってみたい。
⑩ □□《ごうけい》で五百円になる。
⑪ 町の□□《ちゅうおう》にある公園に行く。
⑫ ずっとこの家に□《つか》えてきた。
⑬ □□《ほどう》からとび出さない。
⑭ □《みどり》色のリボンをむすぶ。

月　日

図書館へ行こう

新しく学習するかん字

館 事 号

教科書 上30〜33ページ

教科書 上30ページ

館

カン
やかた

（とめる／「呂」にしない／「食」にしない）

つかい方
図書館《としょかん》で絵本《えほん》を借《か》りる。
旅館《りょかん》で休《やす》む。
西洋風《せいようふう》の館《やかた》。

字の形に注意《ちゅうい》

「食」と書かない
ようにしよう！

しょくへん

16画

教科書 上30ページ

事

ジ
こと
◆ズ

（つき出す／長く／はねる）

つかい方
事実《じじつ》が明《あき》らかになる。
昨日《さくじつ》の出来事《できごと》について考《かんが》える。
事《こと》がらを整理《せいり》する。

いろいろな読み方

大事《だいじ》な物事《ものごと》を記《き》事《じ》にする。

3年○組

はねぼう

8画

教科書 上32ページ

号

ゴウ

（「万」にしない）

つかい方
信号《しんごう》をわたる。
番号《ばんごう》じゅんにならぶ。
先生《せんせい》が号令《ごうれい》をかける。

筆《ひつ》じゅん

5画目はひと
ふでで書くよ！

くち

5画

読み方が新しいかん字

かん字	読み方	使い方	前に出た読み方
目	モク	教科書《きょうかしょ》の目《もく》じ	目《め》
引	イン	図《ず》かんのさく引《いん》	引《ひ》く
内	ナイ	テストの内《ない》よう	内《うち》

この本の「目じ」は1ページ目にありますね。

ぴったり1 じゅんび

国語じてんの使い方

教科書 上36～37ページ

新しく学習する漢字

使　意　味　漢　表　調　柱　所

教科書上36ページ

使

シ
つかう

（つき出す・はらう）

使い方

天使《てんし》のような赤《あか》ちゃん。
ロープを使用《しよう》する。
道具《どうぐ》の使《つか》い方《かた》を考《かんが》える。

いろいろな読み方

図工で使用《しよう》するはさみを使《つか》って紙を、切る。

部首：亻（にんべん）　8画

教科書上36ページ

意

イ

（立てる・長く・はねる）

使い方

意見《いけん》を発表《はっぴょう》する。
言葉《ことば》の意味《いみ》を考《かんが》える。
意外《いがい》と早《はや》く着《つ》く。

部首《ぶしゅ》

意

「意」の部首《ぶしゅ》は、「こころ」だよ。

「立・日」とまちがえないでね！

部首：心（こころ）　13画

教科書上36ページ

味

ミ
あじ
あじわう

（長く・はらう）

使い方

味方《みかた》にパスを出《だ》す。
味《あじ》つけをくふうする。
料理《りょうり》を味《あじ》わう。

反対《はんたい》の意味の言葉

味方《みかた》
てき

部首：口（くちへん）　8画

教科書上36ページ

漢

カン

（横画は二本・つき出さない・はらう）

使い方

漢字《かんじ》を正《ただ》しく書《か》く。
漢数字《かんすうじ》を使《つか》う。
漢方薬《かんぽうやく》を飲《の》む。

字の形に注意《ちゅうい》

漢

横画は二本だよ！

部首：氵（さんずい）　13画

教科書上36ページ

表

ヒョウ
おもて
あらわす
あらわれる

（つける）

使い方

自分《じぶん》の意見《いけん》を発表《はっぴょう》する。
表《おもて》とうらをひっくり返《かえ》す。
不安《ふあん》な気持《きも》ちが顔《かお》に表《あらわ》れる。

送《おく》りがな

表~~わ~~す

部首：衣（ころも）　8画

月　日

教科書上 36 ページ

調

チョウ
しら-べる
◆ととの-う
◆ととの-える

はねる　はらう

使い方
体調《たいちょう》が悪《わる》くなる。
母《はは》と魚《さかな》の調理《ちょうり》をする。
言葉《ことば》の意味《いみ》を調《しら》べる。

15画　ごんべん

いろいろな読み方

体の調子《ちょうし》を調《しら》べる。

教科書上 36 ページ

柱

チュウ
はしら

いちばん長く　とめる

使い方
電柱《でんちゅう》に登《のぼ》る。
家《いえ》の柱《はしら》にぶつかる。
火柱《ひばしら》が上《あ》がる。

9画　きへん

形のにた漢字

茶柱《ちゃばしら》
注《そそ》ぐ

教科書上 37 ページ

所

ショ
ところ

横に書く　はらう

使い方
けしきのきれいな場所《ばしょ》。
新《あたら》しい住所《じゅうしょ》を覚《おぼ》える。
人《ひと》が多《おお》い所《ところ》へ行《い》く。

8画　と

いろいろな読み方

近所《きんじょ》のしずかな所《ところ》に行く。

漢字クイズ 2

☆ 計算すると、どんな漢字ができるでしょうか。

例《れい》　日 ＋ 寺 ＝ 時

① 木 ＋ ヽ ＋ 王 ＝ □

② 立 ＋ 日 ＋ 心 ＝ □

③ 戸 ＋ 近 － 辶 ＝ □

④ 言 ＋ 冂 ＋ 土 ＋ 口 ＝ □

左からじゅんに計算しましょう。

答え 15 ページ

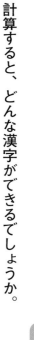

月　日

ぴったり1 じゅんび

メモを取りながら話を聞こう

教科書 上38〜41ページ

新しく学習する漢字

取　局　配　住

教科書上38ページ

取（つき出さない・はらう）

シュ
とる

使い方
新聞社《しんぶんしゃ》が取材《しゅざい》に来《く》る。
大《おお》きい方《ほう》を取《と》る。
商品《しょうひん》を取《と》りよせる。

いろいろな読み方
取材《しゅざい》をしている人がメモを取《と》る。

又《また》　8画

教科書上39ページ

局（出ない・はらう・はねる）

キョク

使い方
ゆうびん局《きょく》に行《い》く。
薬局《やっきょく》で薬《くすり》を買《か》う。
結局《けっきょく》、最後《さいご》まで走《はし》れなかった。

筆《ひつ》じゅん

しっかりおぼえよう！

尸《しかばね》（かばね）　7画

教科書上39ページ

配（「酉」にしない・上にはねる）

ハイ
くばる

使い方
帰《かえ》りがおそいので心配《しんぱい》する。
後《うし》ろに気配《けはい》を感《かん》じる。
プリントを配《くば》る。

字の形に注意《ちゅうい》

「巳」と書かないように！

酉　とりへん　10画

教科書上39ページ

住（いちばん長く）

ジュウ
すむ
すまう

使い方
住所《じゅうしょ》を伝《つた》える。
新《あたら》しい家《いえ》に住《す》む。
昔《むかし》ながらの住《す》まい。

形のにた漢字

住《す》む
柱

亻　にんべん　7画

「住」と「柱」をまちがえないようにね。

月　　日

ぴったり2 練習

図書館へ行こう
国語じてんの使い方
メモを取りながら話を聞こう

1 ――線のかん字の読みがなを書きましょう。

① 本の目次《じ》のページを読む。（　）

② 大事な話をする。（　）

③ 集《あつ》まる場所を決《き》める。（　）

④ 館内放送《ほうそう》を流《なが》す。（　）

⑤ 魚を調理する。（　）

⑥ 教科書の内ようをおぼえる。（　）

⑦ 新しい住まいをかりる。（　）

⑧ 新しく電柱が立つ。（　）

2 □にかん字を書きましょう。

① □□□《としょかん》で本をかりる。

② せりふを□□《いんよう》する。

③ わすれ物を□《と》りに帰る。

④ 人が多い□《ところ》でまよう。

⑤ 答えを□□《きごう》で書く。

⑥ びっくりする□□□《できごと》。

⑦ ゆうびん□《きょく》にでかける。

⑧ ことわざの□□《いみ》が分かる。

⑨ あやうく□《はしら》にぶつかる。

⑩ 家の□□《じゅうしょ》をおぼえる。

⑪ □□《かんじ》を正しく書く。

⑫ 大切な□□《ようじ》がある。

⑬ □□《たいちょう》を整《ととの》える。

⑭ 母のりょう理を□《あじ》わう。

教科書 上30～41ページ
答え 3ページ

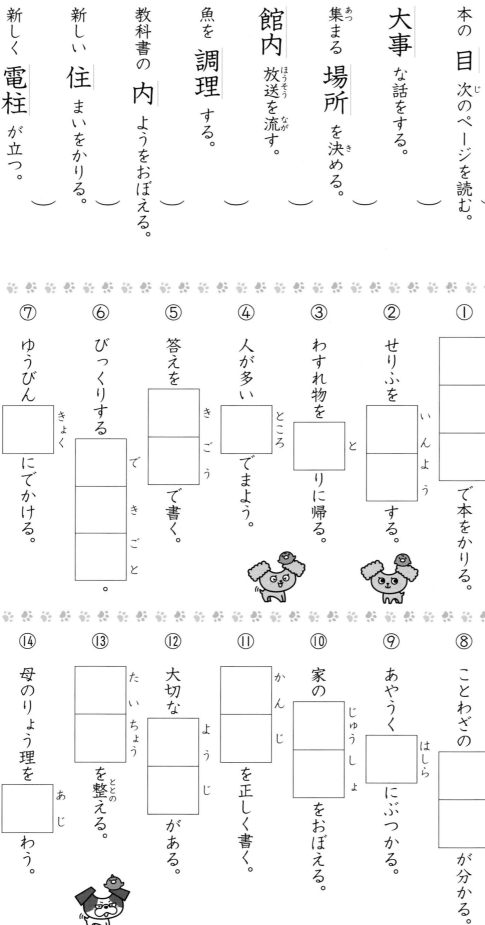

月　日

ぴったり2 練習

図書館へ行こう
国語じてんの使い方
メモを取りながら話を聞こう

1 ――線のかん字の読みがなを書きましょう。

① 第《だい》一号の船に乗《の》る。（　　）

② まとめたことを書き表す。（　　）

③ 今回はテストの調子がよい。（　　）

④ いろいろな科目を勉《べん》強する。（　　）

⑤ 食べ物をぜんいんに配る。（　　）

⑥ しっかりした家の柱。（　　）

⑦ はしをうまく使う。（　　）

⑧ 父は漢方を飲《の》んでいる。（　　）

2 □にかん字を書きましょう。

① □□《ものごと》を正しく行《おこな》う。

② 妹を□□《みかた》につける。

③ テレビの□《しゅ》ざいが来る。

④ □《あじ》わって食べる。

⑤ 人の□□《けはい》を感じる。

⑥ □□《しよう》方ほうを教える。

⑦ 古い□《やかた》へ行く。

⑧ けっかを発《はっ》□《ぴょう》する。

⑨ テレビ□《きょく》を見学する。

⑩ インタビューのメモを□《と》る。

⑪ 原いんを□《しら》べる。

⑫ けがに注《ちゅう》□《い》する。

⑬ じてんのさく□《いん》をつかう。

⑭ □《はしら》時計を買う。

教科書 上30～41ページ
答え 3ページ

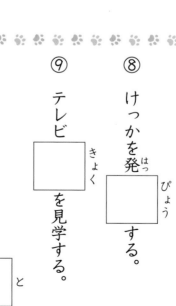

月　　日

自然《しぜん》のかくし絵
漢字を使おう2

教科書 上42〜53ページ

新しく学習する漢字

身 育 守 決 動 持 問 題 部 筆 者 都 氷 泳 有 返 遊 開

教科書上44ページ

身（横画を出さない／つき出る／はねる）

シン
み

使い方
身長《しんちょう》がのびる。
全身《ぜんしん》を使《つか》って体《たい》そうする。
身近《みぢか》に教科書《きょうかしょ》を置《お》く。

言葉の意味
身《み》が入《はい》る
いっしょうけんめいすること。

部首：身《み》　7画

教科書上47ページ

育（立てる／とめる／はねる／とめる）

イク
そだつ
そだてる
はぐくむ

使い方
体育《たいいく》の時間《じかん》が楽《たの》しみだ。
子犬《こいぬ》が元気《げんき》に育《そだ》つ。
親鳥《おやどり》がひなを育《はぐく》む。

部首《ぶしゅ》
育
「育」の部首《ぶしゅ》は「にく」だよ。

部首：育 にく　8画

教科書上47ページ

守（立てる／はねる）

シュ
ス
まもる
◆もり

使い方
守備《しゅび》のうまい選手《せんしゅ》。
留守番《るすばん》をまかされる。
決《き》まりを守《まも》って生活《せいかつ》する。

反対《はんたい》の意味の言葉
せめる
守《まも》る

部首：守 うかんむり　6画

教科書上48ページ

決（長く／つける／はらう）

ケツ
きめる
きまる

使い方
かたく決心《けっしん》する。
待《ま》ち合《あ》わせ場所《ばしょ》を決《き》める。
遠足《えんそく》の日《ひ》が決《き》まる。

送《おく》りがな

部首：決 さんずい　7画

教科書上48ページ

動（はねる）

ドウ
うごく
うごかす

使い方
動物園《どうぶつえん》に行《い》く。
自動車《じどうしゃ》が動《うご》き出《だ》す。
毎日《まいにち》体《からだ》を動《うご》かす。

いろいろな読み方
動物《どうぶつ》の動《うご》きを見《み》る。

部首：動 ちから　11画

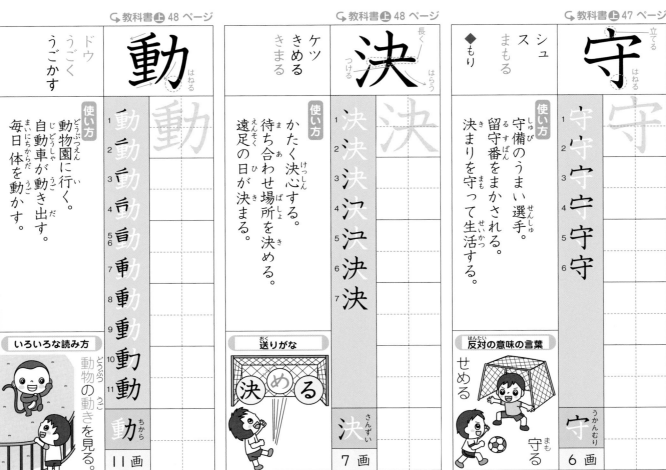

月　日

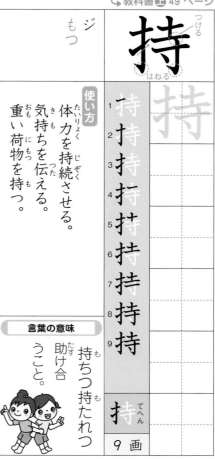

持

教科書上49ページ

持（つける・はねる）

ジ
もつ

使い方
体力《たいりょく》を持続《じぞく》させる。
気持《きも》ちを伝《つた》える。
重《おも》い荷物《にもつ》を持《も》つ。

扌 てへん　9画

言葉の意味
持《も》ちつ持《も》たれつ　助《たす》け合うこと。

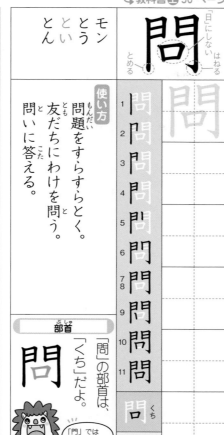

問

教科書上50ページ

問（「日」にしない・はねる・とめる）

モン
とう
とい
とん

使い方
問題《もんだい》をすらすらとく。
友《とも》だちにわけを問《と》う。
問《と》いに答《こた》える。

口 くち　11画

部首《ぶしゅ》
問　「問」の部首は、「くち」だよ。

題

教科書上50ページ

題（長くはらう）

ダイ

使い方
宿題《しゅくだい》が終《お》わる。
問題《もんだい》の答《こた》えを考《かんが》える。
歌《うた》の題名《だいめい》を調《しら》べる。

頁 おおがい　18画

字の形に注意《ちゅうい》
題

部

教科書上51ページ

部（「口」にしない）

ブ

使い方
ごみを全部《ぜんぶ》拾《ひろ》う。
おもちゃの部品《ぶひん》を買《か》う。
辞典《じてん》で部首《ぶしゅ》を調《しら》べる。

阝 おおざと　11画

反対《はんたい》の意味の言葉
全部《ぜんぶ》
一部《いちぶ》

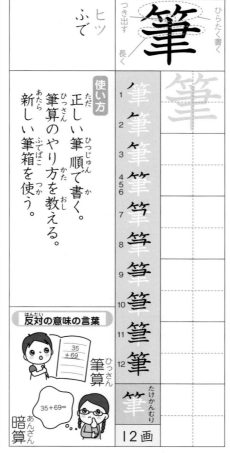

筆

教科書上51ページ

筆（つき出す・ひらたく書く・長く）

ヒツ
ふで

使い方
正《ただ》しい筆順《ひつじゅん》で書《か》く。
筆算《ひっさん》のやり方《かた》を教《おし》える。
新《あたら》しい筆箱《ふでばこ》を使《つか》う。

⺮ たけかんむり　12画

反対《はんたい》の意味の言葉
筆算《ひっさん》
暗算《あんさん》

者

教科書上51ページ

者（長く・はらう・「目」にしない）

シャ
もの

使い方
有名《ゆうめい》な学者《がくしゃ》に会《あ》う。
物語《ものがたり》の作者《さくしゃ》にサインをもらう。
クラスの人気者《にんきもの》になる。

耂 おいかんむり おいがしら　8画

いろいろな読み方
わか者《もの》が医者《いしゃ》を目ざす。

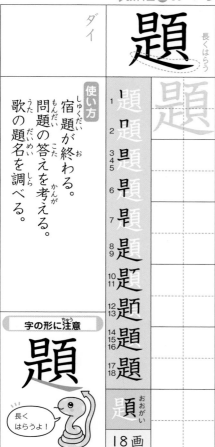

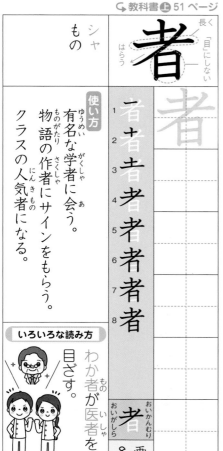

教科書上53ページ

都

ト　ツ　みやこ

つける　三画で書く

11画　阝（おおざと）

使い方

都会《とかい》でくらす。
何《なん》とか都合《つごう》を合《あ》わせる。
京《きょう》の都《みやこ》を旅《たび》する。

漢字の意味

「都《と》」で東京都《とうきょうと》を表す。

教科書上53ページ

氷

ヒョウ　こおり　◆ひ

向きにちゅう意　わすれない　はねる

5画　水《みず》

使い方

氷山《ひょうざん》の一角《いっかく》がくずれる。
流氷《りゅうひょう》を初《はじ》めて見《み》る。
バケツに氷《こおり》がはる。

形のにた漢字

氷《こおり》　水

教科書上53ページ

泳

エイ　およぐ

わすれない　はねる

8画　氵（さんずい）

使い方

水泳《すいえい》が得意《とくい》だ。
島《しま》まで遠泳《えんえい》する。
魚《さかな》がむれて泳《およ》ぐ。

字の形に注意《ちゅうい》

泳

教科書上53ページ

有

ユウ　ある　◆ウ

長く　つける　はらう　はねる　とめる

6画　月《つき》

使い方

有料《ゆうりょう》の道路《どうろ》を通《とお》る。
有名《ゆうめい》な歌手《かしゅ》に会《あ》う。
お金《かね》が有《あ》る。

反対《はんたい》の意味の言葉

有名《ゆうめい》
無《む》名

教科書上53ページ

返

ヘン　かえす　かえる

一画で書く　「友」にしない　はらう

7画　辶（しんにょう・しんにゅう）

使い方

手紙《てがみ》の返事《へんじ》を書《か》く。
借《か》りていた物《もの》を返《かえ》す。
落《お》とし物《もの》が返《かえ》ってくる。

いろいろな読み方

元気な返事《へんじ》が返《かえ》ってくる。

教科書上53ページ

遊

ユウ　あそぶ　◆ユ

一画で書く　はねる　はらう

12画　辶（しんにょう・しんにゅう）

使い方

遊園地《ゆうえんち》の横《よこ》を通《とお》る。
新《あたら》しい遊具《ゆうぐ》で遊《あそ》ぶ。
友《とも》だちといっしょに遊《あそ》ぶ。

いろいろな読み方

公園の遊具《ゆうぐ》で遊《あそ》ぶ。

教科書上53ページ

開

長く
はねる

カイ
ひらく
ひらける
あく
あける

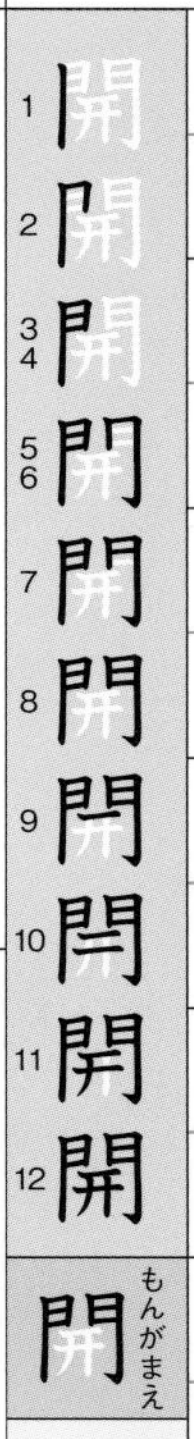

門 もんがまえ

12画

使い方

開店《かいてん》セールで安《やす》くなる。
とびらが開《ひら》く。
戸《と》が大《おお》きく開《あ》く。

反対《はんたい》の意味の言葉

読み方が新しい漢字

漢字	読み方	使い方	前に出た読み方
自	シ	自《し》ぜんを楽《たの》しむ	自分《じぶん》
作	サ	作《さ》ぎょうをする	作文《さくぶん》 作《つく》る
山	サン	ふじ山《さん》の絵《え》	山《やま》
形	かた	父《ちち》の形見《かたみ》	三角形《さんかくけい》 形《かたち》

漢字クイズ3

☆ 次の言葉とはんたいの意味の言葉を書きましょう。

答え15ページ

① 本をとじる ⇕ 本を□く

② 走るのがおそい ⇕ 走るのが□い

③ たてにならべる ⇕ □にならべる

④ 車が止まる ⇕ 車が□く

⑤ おこづかいがもうない ⇕ おこづかいがまだ□る

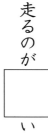

月　日

ぴったり2
練習

自然《しぜん》のかくし絵
漢字を使おう2

教科書 上42〜53ページ
答え 4ページ

1 ――線の漢字の読みがなを書きましょう。

① 子犬が大きく育つ。（　　）
② 動作をかくにんする。（　　）
③ 部首《しゅ》をおぼえる。（　　）
④ 自分で問題を考える。（　　）
⑤ じゅんいが決まる。（　　）
⑥ 学校のルールを守る。（　　）
⑦ ノートに筆で漢字を書く。（　　）
⑧ 自然《ぜん》の中で生活する。（　　）

2 □に漢字を書きましょう。

① □□《ひっき》用具《ぐ》を出す。
② 日本の□□《きょういく》を考える。
③ 足りない□□《ぶぶん》がある。
④ 物語の□□《さくしゃ》を調べる。
⑤ せん手が□《しゅ》びにつく。
⑥ かた手でコップを□《も》つ。
⑦ 本の□□《だいめい》を書く。

⑧ やっと□□《けっしん》がついた。
⑨ 家の前から車を□《うご》かす。
⑩ □□《きも》ちをこめて話す。
⑪ □《み》の回りの世《せ》話をする。
⑫ 先生の□《と》いに答える。
⑬ えん□《ぴつ》を買う。
⑭ □《じ》病《びょう》がなおる。

月　日

ぴったり2 練習

自然《しぜん》のかくし絵　漢字を使おう2

1 ――線の漢字の読みがなを書きましょう。

① 急《きゅう》に都合がわるくなる。（　）
② テレビで氷山を見る。（　）
③ 水泳の練習をする。（　）
④ 友だちと公園で遊ぶ。（　）
⑤ 新しい店を開く。（　）
⑥ 先生から泳ぎ方を習う。（　）
⑦ 図書館に本を返す。（　）
⑧ まどを大きく開ける。（　）

2 □に漢字を書きましょう。

① 東京は□□《とかい》だ。
② 夏の海で□《およ》ぐ。
③ 一日で□□《ゆうめい》になる。
④ お客《きゃく》に□□《へんきん》する。
⑤ □□□《ゆうえんち》へ出かける。
⑥ □□《かいかい》のあいさつをする。
⑦ 海で□□《えんえい》をする。
⑧ □《こおり》のようにつめたい。
⑨ □《あそ》ぶ場所をさがす。
⑩ この車はまだ□《うご》く。
⑪ 水の□《みやこ》とよばれる。
⑫ 土地《と》を□□《しょゆう》する。
⑬ 大きな声で□□《へんじ》をする。
⑭ ねん土で□□《てがた》をとる。

教科書　上42～53ページ
答え　4ページ

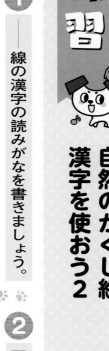

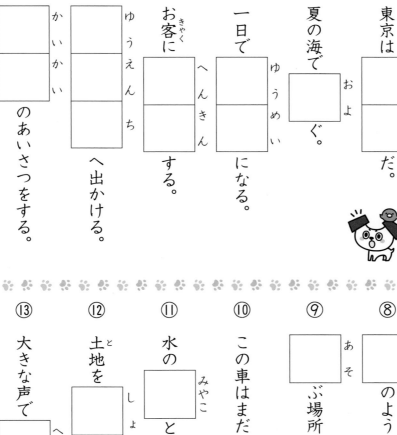

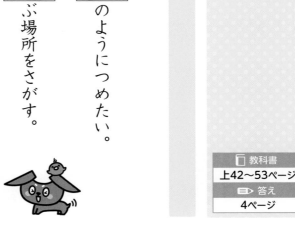

全体と中心 「わたし」の説明文を書こう

教科書 上54～61ページ

月　日

新しく学習する漢字

全 始 係 世 終 苦 族 章

教科書上54ページ

全

ゼン / まったく / すべて

（つける・いちばん長く）

使い方

全員《ぜんいん》でそうじをする。
足《あし》のいたみが全《まった》くなくなる。
全《すべ》てあなたのおかげです。

形のにた漢字

全部《ぜんぶ》
金で作られた物。

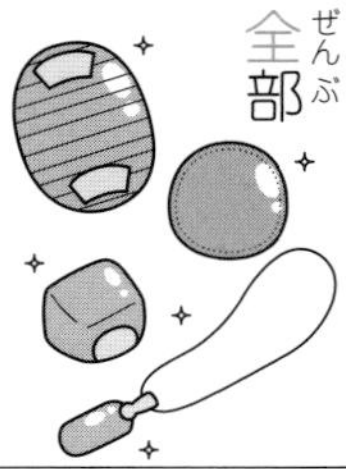

全（いる）　6画

教科書上57ページ

始

シ / はじめる / はじまる

（はらう）

使い方

試合《しあい》を開始《かいし》する。
本《ほん》を読《よ》み始《はじ》める。
道路工事《どうろこうじ》が始《はじ》まる。

反対《はんたい》の意味の言葉

始《はじ》める
終《お》える

始（おんなへん）　8画

教科書上57ページ

係

ケイ / かかる / かかり

（はらう・わすれない・とめる）

使い方

友《とも》だちの関係《かんけい》をきずく。
ほかの言葉《ことば》に係《かか》る。
保健係《ほけんがかり》になる。

字の形に注意《ちゅうい》

3画目を
わすれず
書こう！

係

係（にんべん）　9画

教科書上57ページ

世

セイ / セ / よ

（三画で書く）

使い方

二十世紀《にじっせいき》に生《う》まれた。
犬《いぬ》の世話《せわ》をする。
今《いま》の世《よ》の中《なか》について考《かんが》える。

筆じゅん

世
1 2 3 4
1～4画目に
気をつけて！

世（いち）　5画

教科書上57ページ

終

シュウ / おわる / おえる

（向きにちゅう意）

使い方

バスが終点《しゅうてん》に着《つ》く。
夏休《なつやす》みが終《お》わる。
今日《きょう》の宿題《しゅくだい》を終《お》える。

送《おく》りがな

終
わ
る

終（いとへん）　11画

月　　日

教科書上 58 ページ

苦

長く

ク
くるしい
くるしむ
くるしめる
にがい
にがる

使い方
苦労《くろう》を重《かさ》ねる。
暑苦《あつくる》しい夜《よる》をすごす。
苦《にが》い薬《くすり》を飲《の》む。

1 苦 2 苦 3 苦 4 苦 5 苦 6 苦 7 苦 8 苦

苦 くさかんむり

8 画

反対《はんたい》の意味の言葉

苦手《にがて》

得意《とくい》

教科書上 58 ページ

族

出さない　はねる　はらう

ゾク

使い方
家族《かぞく》で出《で》かける。
水族館《すいぞくかん》へ電車《でんしゃ》で行《い》く。
いろいろな民族《みんぞく》。

1 族 2 族 3 族 4 族 5 族 6 族 7 族 8 族 9 族 10 11 族

族 ほうへん かたへん

11 画

字の形に注意《ちゅうい》

族

教科書上 59 ページ

章

長く　立てる

ショウ

使い方
文章《ぶんしょう》を書《か》く。
名札《なふだ》に校章《こうしょう》がえがかれている。
物語《ものがたり》の第一《だいいっしょう》章を読《よ》む。

1 章 2 章 3 4 章 5 章 6 章 7 章 8 章 9 章 10 章 11 章

章 たつ

11 画

形のにた漢字

校章《こうしょう》

草むら

読み方が新しい漢字

漢字	読み方	使い方	前に出た読み方
高	コウ	高校《こうこう》に行《い》く	高《たか》める　売上高《うりあげだか》　高《たか》さ
明	あきらか	明《あき》らかなうそ	明《あ》かり　せつ明《めい》　明《あか》るい
力	リョク	火力《かりょく》を上《あ》げる	力《ちから》
考	コウ	一考《いっこう》する	考《かんが》える

「世」の部首《しゅ》は「一」(いち)だよ。

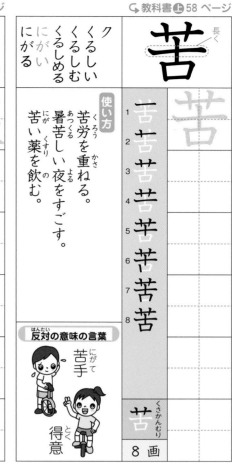

月　日

ぴったり2 練習

全体と中心 「わたし」の説《せつ》明文を書こう

1 ——線の漢字の読みがなを書きましょう。

① 国語のテストを開始する。（　　）

② 主《しゅ》語に係る言葉をさがす。（　　）

③ 世間の人にみとめられる。（　　）

④ 会は午後八時に終わる。（　　）

⑤ 人生は楽《らく》あれば苦ありだ。（　　）

⑥ 兄は高校にかよっている。（　　）

⑦ 明らかなうそをつく。（　　）

⑧ べんりな世の中になった。（　　）

2 □に漢字を書きましょう。

① □□《ぜんりょく》で取り組む。

② □□□《としょがかり》になる。

③ この問題は□《まった》く分からない。

④ 妹の□□《せわ》をする。

⑤ □□《しゅうてん》でバスをおりる。

⑥ いたみに□《くる》しむ。

⑦ □□《かぞく》で海に行く。

⑧ 宿《しゅく》題を□《すべ》て終わらせる。

⑨ 算数の□□□《ぶんしょうだい》をとく。

⑩ えい画が□《はじ》まる。

⑪ このくすりは□《にが》い。

⑫ 友だちの意見を参《さん》□《こう》にする。

⑬ わたしにはかん□《けい》ない。

⑭ 漢字の練習を□《はじ》める。

教科書 上54〜61ページ
答え 4ページ

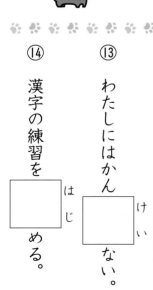

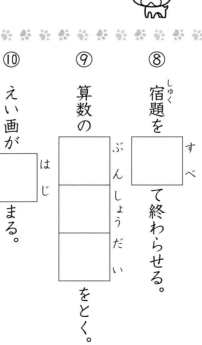

ぴったり じゅんび 1

漢字の表す意味

教科書 上62～63ページ

新しく学習する漢字

曲　板　品　皿　委　員　発　島

教科書 上 62 ページ

曲

キョク
まがる
まげる

つき出す

使い方
きれいな曲線《きょくせん》をえがく。
次《つぎ》の角《かど》を曲《ま》がる。
紙《かみ》を折《お》り曲《ま》げる。

曰 いわく　6画

反対《はんたい》の意味の言葉

曲線《きょくせん》
直線

教科書 上 62 ページ

板

ハン
バン
いた

はらう　とめる

使い方
鉄板《てっぱん》で料理《りょうり》を作《つく》る。
黒板《こくばん》の字《じ》を写《うつ》す。
板《いた》を重《かさ》ねる。

木 きへん　8画

いろいろな読み方

板前《いたまえ》が黒板《こくばん》を使ってせつ明する。

教科書 上 62 ページ

品

ヒン
しな

上の口を大きく

使い方
商品《しょうひん》を仕入《しい》れる。
工作《こうさく》の作品《さくひん》をならべる。
手品《てじな》を見《み》せる。

口 くち　9画

いろいろな読み方

商品《しょうひん》が品切《しなぎ》れになる。

教科書 上 63 ページ

皿

さら

出す

使い方
皿《さら》に料理《りょうり》をもる。
皿《さら》あらいをすます。
皿《さら》をならべる。

皿 さら　5画

形のにた漢字

皿《さら》がわれる。

出血《けつ》

教科書 上 63 ページ

委

イ
ゆだねる

はらう　はらう

使い方
委員会《いいんかい》の活動《かつどう》をする。
委員長《いいんちょう》があいさつする。
あなたに全《すべ》てを委《ゆだ》ねます。

女 おんな　8画

部首《しゅ》

委

月　　日

教科書上63ページ

員

イン

はらう　とめる

使い方
委員会《いいんかい》に出席《しゅっせき》する。
クラス全員《ぜんいん》が参加《さんか》する。
駅員《えきいん》に道《みち》をたずねる。

口《くち》　10画

形のにた漢字

教科書上63ページ

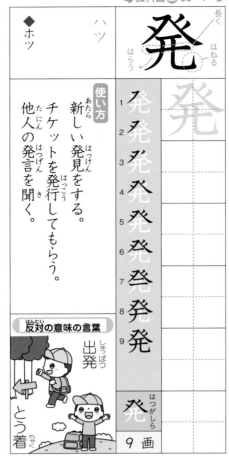

発

ハツ
◆ホツ

長く　はねる　はらう

使い方
新《あたら》しい発見《はっけん》をする。
チケットを発行《はっこう》してもらう。
他人《たにん》の発言《はつげん》を聞《き》く。

癶《はつがしら》　9画

反対《はんたい》の意味の言葉

教科書上63ページ

島

トウ
しま

わすれない　はねる

使い方
日本列島《にほんれっとう》について学《まな》ぶ。
たからの島《しま》を発見《はっけん》する。
淡路島《あわじしま》に旅行《りょこう》する。

山《やま》　10画

字の形に注意《ちゅうい》

読み方が新しい漢字

漢字	読み方	使い方	前に出た読み方
歌	カ	国歌《こっか》を歌《うた》う	歌《うた》　歌《うた》う
白	ハク	白線《はくせん》を引《ひ》く	白《しろ》　白《しろ》い　白《しろ》くま

漢字クイズ4

☆漢字のあみだくじです。上からスタートして、とちゅうにあるカードを組み合わせて、できた漢字を答えましょう。

答え15ページ

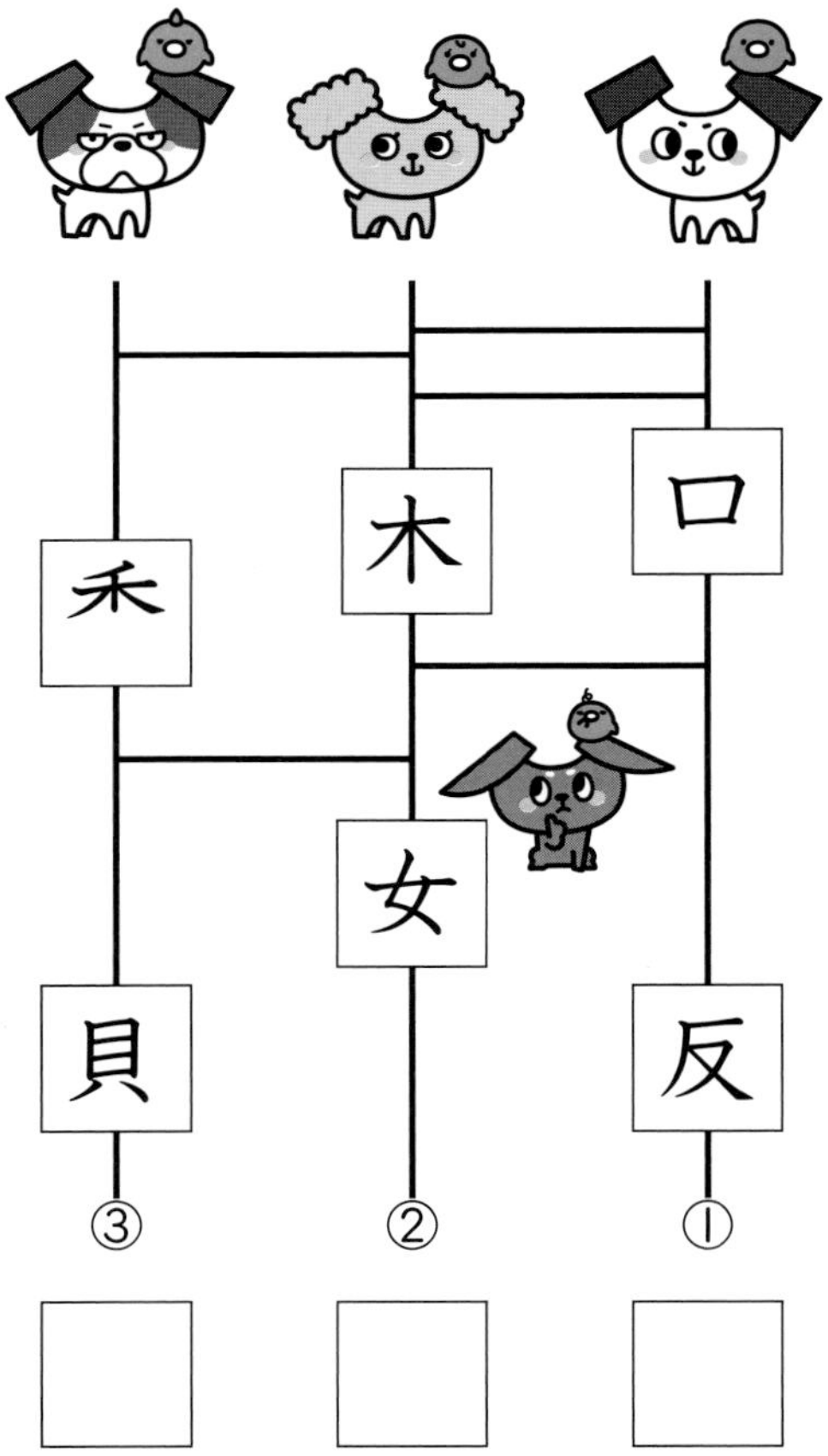

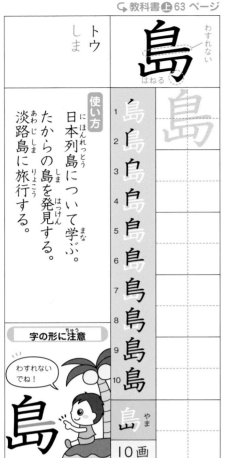

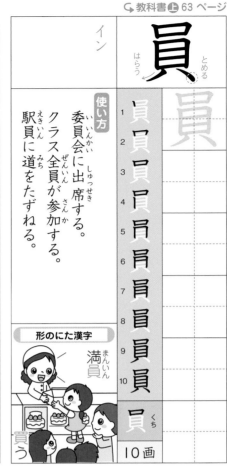

月　日

ぴったり2 練習

漢字の表す意味

1 ——線の漢字の読みがなを書きましょう。

① **曲**がり角で人にぶつかる。（　）

② 鉄《てっ》**板**の上で肉をやく。（　）

③ おみやげの**品**をえらぶ。（　）

④ クラス**全員**がさんかする。（　）

⑤ 日本は**島国**です。（　）

⑥ **白紙**に絵をかく。（　）

⑦ **校歌**をおぼえる。（　）

⑧ 言葉を**発**する。（　）

2 □に漢字を書きましょう。

① 地図に□□《きょくせん》をえがく川。

② □□《さくひん》をしあげる。

③ □《さら》のクッキーに手をのばす。

④ 図書□□□《いいんかい》に出る。

⑤ □□《てんいん》さんに聞く。

⑥ ピアノの□□□《はっぴょうかい》に出る。

⑦ □□《はんとう》をバスで回る。

⑧ まな□《いた》をあらう。

⑨ ストローを□《ま》げる。

⑩ □□《こくばん》に字を書く。

⑪ □《しま》でくらす。

⑫ 他《ほか》の人に□《ゆだ》ねる。

⑬ まん□《いん》電車に乗《の》る。

⑭ 船のかん□《ぱん》をそうじする。

教科書 上62～63ページ
答え 4ページ

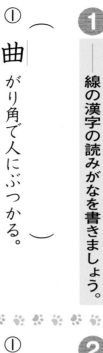

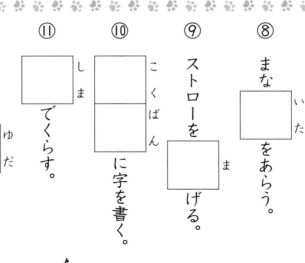

ぴったり1 じゅんび

ワニのおじいさんのたから物

教科書 上64〜76ページ

新しく学習する漢字

寒　相　死　君　安　急　橋　登

教科書上66ページ

寒　カン　さむい

（立てる／はらう／とめる）

使い方
寒風《かんぷう》がふきあれる。
かぜで寒気《さむけ》がする。
寒《さむ》い冬《ふゆ》をすごす。

字の形に注意《ちゅう》

向きに注意しよう！

宀 うかんむり　12画

教科書上67ページ

相　ソウ　あい　◆ショウ

（同じくらいあける／とめる）

使い方
なやみを相談《そうだん》する。
母《はは》が手相《てそう》を見《み》る。
相手《あいて》を思《おも》いやる。

部首《しゅ》

「相」の部首は、「め」だよ。

目 め　9画

教科書上67ページ

死　シ　しぬ

（上にはねる／はらう）

使い方
生死《せいし》をさまよう。
必死《ひっし》で走《はし》る。
病気《びょうき》で人《ひと》が死《し》ぬ。

反対《はんたい》の意味の言葉

歹 かばねへん いちたへん　6画

教科書上68ページ

君　クン　きみ

（つき出さない／はらう／つき出す）

使い方
田中君《たなかくん》といっしょに遊《あそ》ぶ。
国《くに》をおさめる君主《くんしゅ》になる。
君《きみ》とぼくは仲良《なかよ》しだ。

字の形に注意《ちゅう》

2画目はつき出し、
4画目は、上につき出ないよ！

口 くち　7画

教科書上69ページ

安　アン　やすい

（立てる／少しつき出す）

使い方
左右《さゆう》の安全《あんぜん》をたしかめる。
妹《いもうと》の熱《ねつ》が下《さ》がり、安心《あんしん》する。
野菜《やさい》が安《やす》くなる。

反対《はんたい》の意味の言葉

安《やす》い
高い

宀 うかんむり　6画

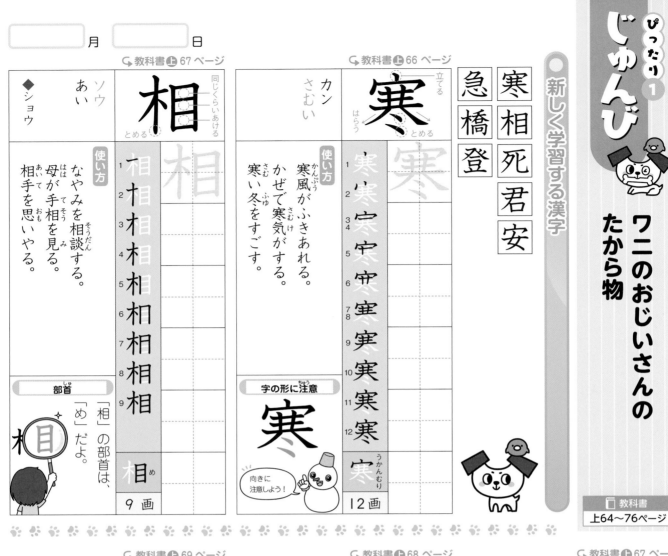

月　日

教科書上69ページ

急

はらう　つき出さない　はねる

キュウ
いそぐ

使い方
急用《きゅうよう》ができる。
急《きゅう》に動《うご》き出《だ》す。
帰《かえ》り道《みち》を急《いそ》ぐ。

1 2 3 4 5 6 7 8 9
急（こころ）　9画

いろいろな読み方
急《いそ》いで急行《きゅうこう》に乗る。

教科書上71ページ

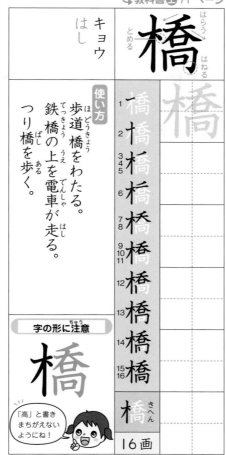

橋

はらう　とめる　はねる

キョウ
はし

使い方
歩道橋《ほどうきょう》をわたる。
鉄橋《てっきょう》の上《うえ》を電車《でんしゃ》が走《はし》る。
つり橋《ばし》を歩《ある》く。

1 2 3 4 5 6 7 8 9 10 11 12 13 14 15 16
橋（きへん）　16画

字の形に注意《ちゅうい》
橋

教科書上74ページ

登

つける　出ない　長い

トウ　ト
のぼる

使い方
主人公《しゅじんこう》が登場《とうじょう》する。
日曜日《にちようび》に登山《とざん》に行《い》く。
山《やま》に登《のぼ》る。

1 2 3 4 5 6 7 8 9 10 11 12
登（はつがしら）　12画

反対《はんたい》の意味の言葉
登校《とうこう》
下校

読み方が新しい漢字

漢字	読み方	使い方	前に出た読み方
記	しるす	日記《にっき》に記《しる》す	記《き》ろく
場	ジョウ	会場《かいじょう》をさがす	場面《ばめん》
行	コウ	行進《こうしん》をする	行《ぎょう》　行《い》こう

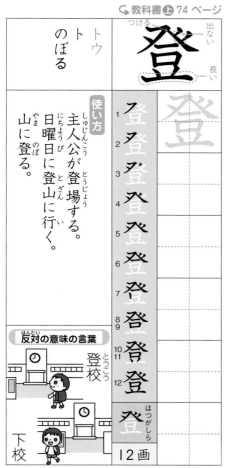

月　日

練習 ぴったり2

ワニのおじいさんのたから物

1 ――線の漢字の読みがなを書きましょう。

①（　　）山田君と友だちになる。

②（　　）安いおかしを買う。

③（　　）急用ができる。

④（　　）夏の富士山《ふじさん》に登る。

⑤（　　）強い寒気が流《なが》れこむ。

⑥（　　）子どもを安心させる。

⑦（　　）家族で登山を楽しむ。

⑧（　　）入場のチケットを買う。

2 □に漢字を書きましょう。

① 今年の冬は□《さむ》い。

② □□《あいて》の気持ちを考える。

③ ノートに名前を□《しる》す。

④ □《きみ》の意見を聞こう。

⑤ □□《あんぜん》をたしかめる。

⑥ □《いそ》いで待《ま》ち合わせ場所に行く。

⑦ 物語の□□□□《とうじょうじんぶつ》。

⑧ 川に□《はし》がかかる。

⑨ 天気は□□《あんてい》している。

⑩ ゆうかんな□□《こうどう》。

⑪ 車は□《きゅう》には止まれない。

⑫ 歩道□《きょう》をわたる。

⑬ □□《にんそう》がわるい人もいる。

⑭ 長年かっていた犬が□《し》ぬ。

教科書 上64〜76ページ
答え 5ページ

月　日

ぴったり1 じゅんび

漢字を使おう3 人物やものの様子を表す言葉

教科書 上77～79ページ

新しく学習する漢字

血　申　由　想

教科書上77ページ

血

ケツ　ち

つき出す

使い方

血液型《けつえきがた》を調《しら》べる。
ひざから出血《しゅっけつ》する。
急《きゅう》に鼻血《はなぢ》が出《で》る。

1 丿　2 ⺈　3 㐃　4 皿　5 血　6 血

いろいろな読み方

血《ち》が出たので止《し》血《けつ》する。

血《ち》　6画

教科書上77ページ

申

もうす　◆シン

つき出す

使い方

マラソン大会《たいかい》に申《もう》しこむ。
申《もう》しわけなく思《おも》う。
先生《せんせい》に申《もう》し上《あ》げる。

1 丨　2 冂　3 日　4 日　5 申

筆じゅん

申

5画目の長さにも気をつけよう！

田《た》　5画

教科書上77ページ

由

ユ　ユウ　◆ユイ　◆よし

つき出す　つき出さない

使い方

名前《なまえ》の由来《ゆらい》をきく。
自由《じゆう》に動《うご》き回《まわ》る。
理由《りゆう》を考《かんが》える。

1 丨　2 冂　3 巾　4 由　5 由

形のにた漢字

自由《じゆう》に植《う》える。

田植《う》え

田《た》　5画

教科書上78ページ

想

ソウ　◆ソ

「日」にしない　とめる　はねる

使い方

未来《みらい》を想《そう》ぞうする。
理想《りそう》を高《たか》くもつ。
読書感想文《どくしょかんそうぶん》を書《か》く。

1 一　2 十　3 4 木　5 木　6 相　7 8 相　9 相　10 想　11 想　12 13 想

字の形に注意《ちゅうい》

想

「日」と書かないように注意《ちゅうい》しよう！

心《こころ》　13画

読み方が新しい漢字

漢字	読み方	使い方	前に出た読み方
鳥	チョウ	鳥《ちょう》るい	鳥《とり》
金	かな	金《かな》づちを使《つか》う	金曜日《きんようび》　お金《かね》

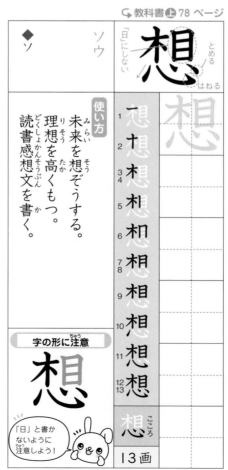

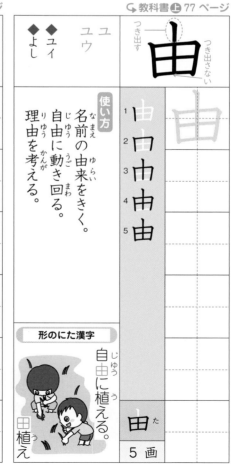

月　日

心が動いたことを詩で表そう

教科書 上80〜83ページ

新しく学習する漢字

詩　集

教科書上80ページ

詩

シ

わすれない　はねる

使い方

有名《ゆうめい》な詩《し》を読《よ》む。
詩人《しじん》と会《あ》う。
友《とも》だちと詩集《ししゅう》を作《つく》る。

部首《しゅ》

「言」は、言葉にかんけいする字が多い。

詩　ごんべん　13画

教科書上82ページ

集

シュウ
あつまる
あつめる
◆つどう

はらう　長く　はらう

使い方

集団登校《しゅうだんとうこう》をする。
笛《ふえ》の合図《あいず》で集《あつ》まる。
人形《にんぎょう》を集《あつ》める。

いろいろな読み方

公園に集合《しゅうごう》してごみを集《あつ》める。

集　ふるとり　12画

読み方が新しい漢字

漢字	読み方	使い方	前に出た読み方
出	シュツ	出生《しゅっしょう》とどけ	出《で》てくる　出《だ》す

「集」の部首《しゅ》は、「隹」（ふるとり）だよ。

月　日

ぴったり1 じゅんび

「給食《きゅう》だより」を読みくらべよう

教科書 上90〜98ページ

新しく学習する漢字

次　暑　業　実　農　命　写

教科書上92ページ

次

ジ
つぐ
つぎ
◆シ

「冫」にしない　はらう

使い方
次回《じかい》を楽《たの》しみに待《ま》つ。
問題《もんだい》が相次《あいつ》ぐ。
次《つぎ》の日曜日《にちようび》に会《あ》う。

次 次 次 次 次 次

欠《あくび》《かける》　6画

いろいろな読み方

目次《もくじ》の次《つぎ》のページをめくる。

教科書上94ページ

暑

ショ
あつい

長く　はらう

使い方
暑中《しょちゅう》みまいを書《か》く。
むし暑《あつ》い夜《よる》が続《つづ》く。
人《ひと》が多《おお》くて暑苦《あつくる》しい。

暑 暑 暑 暑 暑 暑 暑 暑 暑 暑 暑 暑

日《ひ》　12画

反対《はんたい》の意味の言葉

暑《あつ》い
寒い

教科書上95ページ

業

ギョウ
◆ゴウ
◆わざ

出ない　形にちゅう意　はらう

使い方
作業《さぎょう》を進《すす》める。
終業式《しゅうぎょうしき》をかぜで休《やす》む。
農業《のうぎょう》を手伝《てつだ》う。

業 業 業 業 業 業 業 業 業 業 業 業 業

木《き》　13画

筆じゅん

1〜4画、8〜10画に気をつけよう！

教科書上95ページ

実

ジツ
み
みのる

長さにちゅう意　横画は三本　はらう

使い方
真実《しんじつ》を言《い》い当《あ》てる。
木《き》の実《み》を食《た》べる動物《どうぶつ》。
秋《あき》にくりが実《みの》る。

実 実 実 実 実 実 実 実

宀《うかんむり》　8画

いろいろな読み方

実《じつ》は、この実《み》は食べられません。

教科書上95ページ

農

ノウ

つき出す　わすれない　はらう　はねる

使い方
農業《のうぎょう》がさかんな地《ち》いき。
農作物《のうさくぶつ》をしゅうかくする。
農地《のうち》をたがやす。

農 農 農 農 農 農 農 農 農 農 農 農 農

辰《しんのたつ》　13画

字の形に注意《ちゅうい》

農

わすれないようにしよう！

月　日

教科書上95ページ

命

つける　「阝」にしない　わすれない

メイ　いのち
◆ミョウ

使い方
今日《きょう》はおじいちゃんの命日《めいにち》だ。
的《まと》に命中《めいちゅう》する。
命《いのち》を大切《たいせつ》にする。

1 命 2 命 3 命 4 命 5 命 6 命 7 命 8 命

命　くち

8画

字の形に注意《ちゅうい》

3画目をわすれないでね！

命

教科書上97ページ

写

はねる　長く

シャ　うつす　うつる

使い方
花《はな》を写生《しゃせい》する。
先生《せんせい》の手本《てほん》を写《うつ》す。
きれいに写《うつ》るカメラ。

1 写 2 写 3 写 4 写 5 写

写　わかんむり

5画

いろいろな読み方

写真《しゃしん》に写《うつ》る。

読み方が新しい漢字

漢字	読み方	使い方	前に出た読み方
行	おこなう	終業式《しゅうぎょうしき》を行《おこな》う	行動《こうどう》　行《ぎょう》　行《い》こう

漢字クイズ5

☆次の漢字の一画目はどちらですか。正しいほうに◯をつけましょう。

答え15ページ

① 次　ア（　）次　イ（　）次

② 実　ア（　）実　イ（　）実

③ 命　ア（　）命　イ（　）命

④ 業　ア（　）業　イ（　）業

④はまちがえやすいから気をつけよう。

正しい書きじゅんをかくにんしよう。

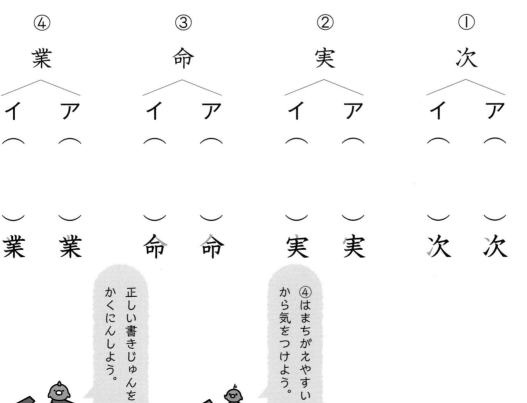

漢字を使おう3／人物やものの様子を表す言葉
心が動いたことを詩で表そう
「給《きゅう》食だより」を読みくらべよう

教科書 上77～98ページ
答え 5ページ

□月 □日

1 ——線の漢字の読みがなを書きましょう。

① きず口から血（　）が出る。
② 友だちに暑中（　）みまいを出す。
③ かきの実（　）がなる。
④ 虫の命（　）は短《みじか》い。
⑤ 白鳥（　）がゆうがにとぶ。
⑥ 申（　）しこみ用紙に名前を書く。
⑦ おくれた理由（　）をたずねる。
⑧ 次回（　）の作品を楽しみにする。

2 □に漢字を書きましょう。

① □□《しゅっけつ》を止める。
② 大会が□《おこな》われた。
③ 名前の□□《ゆらい》を聞く。
④ 物語の□□《かんそう》をのべる。
⑤ □□《ししゅう》を図書館でかりる。
⑥ □《つぎ》の日に会うやくそくをした。
⑦ 今年の夏は□《あつ》くてしかたがない。

⑧ アイデアを□□《じっこう》する。
⑨ おいしいくだものが□《みの》る。
⑩ なべやかまを□□《かなもの》という。
⑪ うまくまとに□□《めいちゅう》させる。
⑫ にわの花を□□《しゃせい》する。
⑬ みんなのお金を□《あつ》める。
⑭ 父が□□《のうぎょう》を始める。

月　日

夏のチャレンジテスト①

時間 30分

／100

ごうかく 80点

教科書 上16～98ページ

答え 5ページ

1 ――線の漢字の読みがなを書きましょう。

一つ2点(32点)

① 緑色（　）をした木の葉（　）がまう。

② 早朝（　）に、急（　）いで出かける。

③ 歩道（　）を歩く人たちがテレビ画面（　）にうつる。

④ 顔を横（　）の人に向（　）ける。

⑤ 車の部品（　）をこまかく調（　）べる。

⑥ 合計（　）で十時間の練習（　）をした。

⑦ 豆（　）をカメラで写（　）す。

⑧ アメリカの中央（　）にある州（　）に行く。

2 次の□には、それぞれ同じ漢字が入ります。当てはまる漢字を書きましょう。

一つ2点(12点)

① □長　□体　□近　自分自□　□の回り　［　］

② □店　□始　□放《ほう》　□ける　□く　［　］

③ 食□　動□　植《しょく》□　□体　□覚《おぼ》え　［　］

④ □校　□山　□場　□る　木□り　［　］

⑤ □紙　発□　公□　□す　□れる　［　］

⑥ □行　□用　□入り　木の□　□る　［　］

月　　日

3 □に漢字を書きましょう。

一つ2点(30点)

① □□《きごう》で答える。

② 兄の□□《いけん》を聞く。

③ 金魚を□《そだ》てる。

④ わたしは弟の□□《みかた》だ。

⑤ □《はしら》に印《しるし》をつける。

⑥ □□《にばい》の大きさになる。

⑦ 本のさく□《いん》を見る。

⑧ □《およ》ぎの□《はや》い選《せん》手。

⑨ いきなり□□《もんだい》が□《お》きる。

⑩ テレビ□《きょく》で□□《しごと》をする。

⑪ □《しま》の□□《ようす》が変《か》わった。

4 次の二つの漢字の部首《しゅ》は、同じですか、ちがいますか。同じものは〇、ちがうものは×で答えましょう。

一つ2点(10点)

① 品　豆　[　]

② 申　由　[　]

③ 皿　血　[　]

④ 実　寒　[　]

⑤ 相　板　[　]

5 次の□に、上でしめした読み方をする漢字を入れて、じゅく語をかんせいさせましょう。

一つ2点(16点)

① シュウ　ア 文□　イ 学□　ウ □点

② カン　ア 体□　イ 図書□

③ シ　ア □用　イ 生□　ウ □人

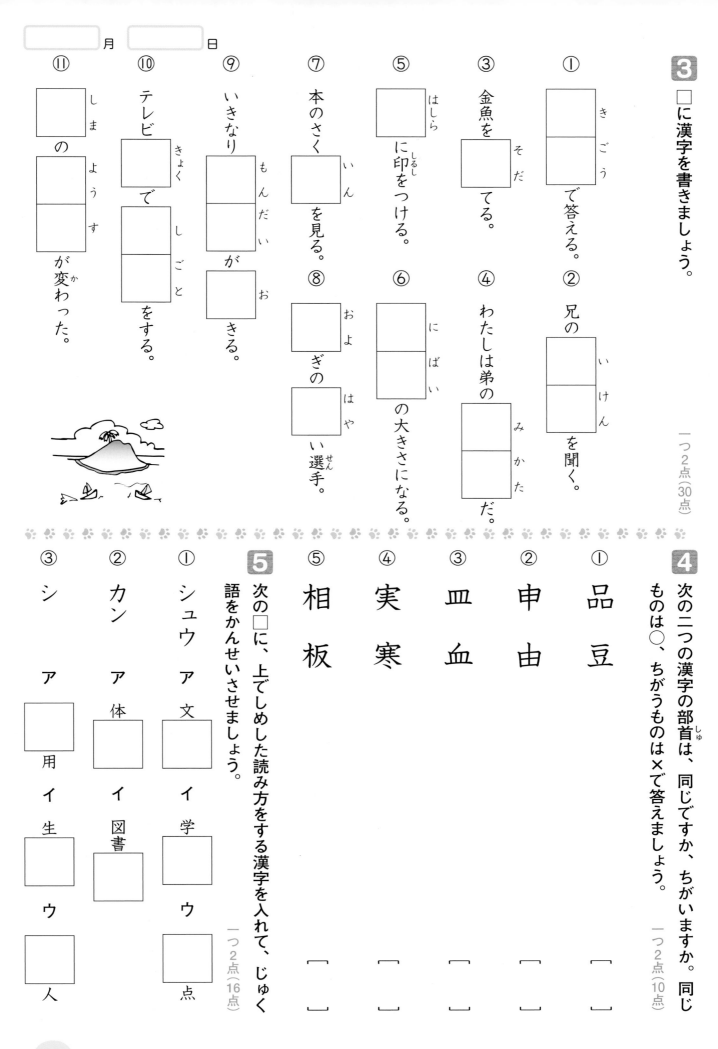

月　日

夏のチャレンジテスト②

時間30分
／100
ごうかく80点

教科書 上16〜98ページ
答え 6ページ

1 ――線の漢字の読みがなを書きましょう。　一つ2点(34点)

① しずかな所（　）をえらんで住（　）む。

② きれいな皿（　）を、手に取（　）る。

③ 君（　）のことを今でも心配（　）している。

④ 暑（　）さから自分の身（　）をしっかり守（　）る。

⑤ 筆記（　）用具《ぐ》をつねに持（　）ち歩く。

⑥ 家族（　）に話をして安心（　）させる。

⑦ イベントが開会（　）され、人がたくさん集（　）まる。

⑧ 兄の手品（　）は、なかなか様（　）になっている。

2 矢印《じるし》の上と下の言葉が反対《はんたい》の意味になるように、□から漢字をえらんで□に書きましょう。　一つ2点(16点)

① 下校 ⇕ □校

② たて書き ⇕ □書き

③ 楽しい ⇕ □しい

④ 答える ⇕ □う

⑤ 生きる ⇕ □ぬ

⑥ 終わる ⇕ □まる

⑦ 一部 ⇕ □部

⑧ 遅《おそ》い ⇕ □い

問　登　速　活　横　全　苦　始　死　上

月　日

3 □に漢字を書きましょう。

一つ2点（26点）

① 植物《しょく》を□《そだ》てる。

② 花の□《みやこ》パリ

③ 犬の□□《せわ》をする。

④ 長い□《はし》をわたる。

⑤ □□《さむけ》がする。

⑥ □《いのち》をたすける。

⑦ なりたかった給食《きゅう》□《がかり》になる。

⑧ クラスの□□□《いいんちょう》を□《き》める。

⑨ すきな□《し》をノートに書き□《うつ》す。

⑩ 小さな□《しま》で□□《のうぎょう》を行う。

4 次の漢字の●の部分は、「とめる　はねる　はらう」のどれになっていますか。「とめる」はア、「はねる」はイ、「はらう」はウと書いて答えましょう。

一つ2点（12点）

① 局　□

② 次　□

③ 号　□

④ 有　□

⑤ 発　□

⑥ 氷　□

5 次の漢字の赤く太い部分は、何画目に書きますか。数字で答えましょう。

一つ2点（12点）

① 配　□画目

② 取　□画目

③ 向　□画目

④ 遊　□画目

⑤ 曲　□画目

⑥ 急　□画目

月　　日

ぴったり1 じゅんび

夕日がせなかをおしてくる
案内《あんない》の手紙を書こう
慣用句《かんようく》を使おう

教科書 上110〜119ページ

新しく学習する漢字

助　落

教科書上117ページ

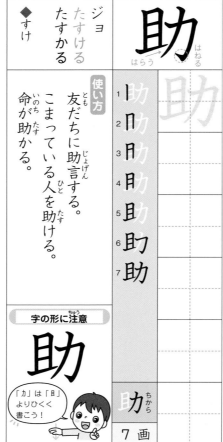

助

はらう　はねる

ジョ
たすける
たすかる
◆すけ

使い方
友《とも》だちに助言《じょげん》する。
こまっている人《ひと》を助《たす》ける。
命《いのち》が助《たす》かる。

字の形に注意《ちゅうい》

助　力《ちから》　7画

教科書上118ページ

落

「夂」にしない

ラク
おちる
おとす

使い方
荷物《にもつ》が落下《らっか》する。
落《お》ち葉《ば》を集《あつ》める。
スピードを落《お》とす。

いろいろな読み方
落下《らっか》した落《お》とし物《もの》が見つかる。

落　艹《くさかんむり》　12画

読み方が新しい漢字

漢字	読み方	使い方	前に出た読み方
太	タイ	太《たい》ようの光《ひかり》	丸太《まるた》　太《ふと》い　太《ふと》る
合	ガッ	合《がっ》そう発表会《はっぴょうかい》	合計《ごうけい》　合《あ》う
通	かよう	学校《がっこう》に通《かよ》う	交通《こうつう》　通《とお》る

漢字クイズ 6

答え15ページ

☆ 次の漢字の一画目はどちらですか。正しいほうに○をつけましょう。

① 助　ア 助　イ 助

② 落　ア 落　イ 落

月　　日

ぴったり1 じゅんび

グループの合い言葉を決めよう

新しく学習する漢字

進　役　負　勝　区

教科書 上120〜126ページ

教科書上 120 ページ

進

シン
すすむ
すすめる

はらう　一画で書く

使い方
動物《どうぶつ》が進化《しんか》する。
前《まえ》に進《すす》む。
宿題《しゅくだい》を先《さき》に進《すす》める。

進　しんにょう（しんにゅう）
11画

反対《はんたい》の意味の言葉

進《すす》む
しりぞく

教科書上 122 ページ

役

ヤク
◆エキ

上にはねる　はなす　はらう

使い方
生活《せいかつ》に役立《やくだ》つことを知《し》る。
市役所《しやくしょ》を見学《けんがく》する。
げきの役《やく》が決《き》まる。

役　ぎょうにんべん
7画

形のにた漢字

役者《やくしゃ》
投《な》げる

教科書上 123 ページ

負

フ
まける
まかす
おう

はらう　とめる

使い方
勝負《しょうぶ》に負《ま》ける。
相手《あいて》を負《ま》かす。
すりきずを負《お》う。

負　こがい
9画

いろいろな読み方

勝負《しょうぶ》に負《ま》けて、
かばんを負《お》う。

教科書上 123 ページ

勝

ショウ
かつ
◆まさる

いちにちゅう意　「力」にしない　はねる

使い方
勝負《しょうぶ》がつく。
試合《しあい》に勝利《しょうり》する。
勝《か》つまでやり続《つづ》ける。

勝　ちから
12画

反対《はんたい》の意味の言葉

勝《か》つ
負《ま》ける

教科書上 125 ページ

区

ク

はらう　とめる　おれる

使い方
地区《ちく》の集会《しゅうかい》に出《で》る。
校区《こうく》の中《なか》で遊《あそ》ぶ。
話《はなし》を区切《くぎ》る。

区　かくしがまえ
4画

筆じゅん

2画目に気をつけよう！
区

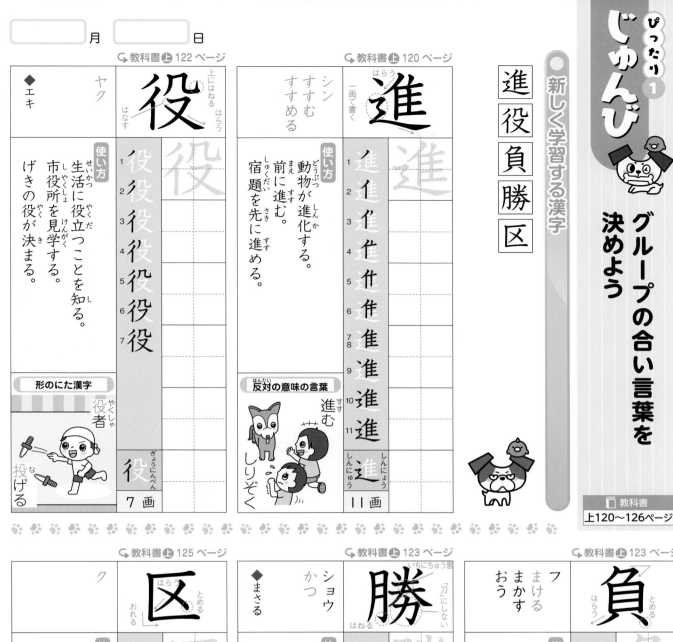

月　　日

ぴったり2 練習

夕日がせなかをおしてくる
案内《あんない》の手紙を書こう
慣用句《かんよう く》を使おう／グループの合い言葉を決めよう

1 ――線の漢字の読みがなを書きましょう。

①（　　）野球《きゅう》の地区大会に出る。

②（　　）バスで学校に通う。

③（　　）せんたく物が二階《かい》から落ちる。

④（　　）みんなで合しょうする。

⑤（　　）決勝までのこる。

⑥（　　）いつも前に進む。

⑦（　　）テニス大会で負ける。

⑧（　　）落書きはいけません。

2 □に漢字を書きましょう。

① □《たい》陽《よう》の光をあびる。

② 弟に□□《じょげん》をする。

③ 相手を□《ま》かす。

④ 話し合いの□□《くぎ》りをつける。

⑤ じゃんけんで□□《しょうぶ》する。

⑥ 全員の□《やく》わりを考える。

⑦ かみなりを□《お》とす。

⑧ 話し会いを□□《しんこう》する。

⑨ この絵は二人の□□《がっさく》だ。

⑩ ゲームに□《か》つ。

⑪ □□□《くやくしょ》へ行く。

⑫ まいごの子どもを□《たす》ける。

⑬ たたかいできずを□《お》う。

⑭ すばらしい□□《しんぽ》をとげる。

教科書 上110～126ページ
答え 6ページ

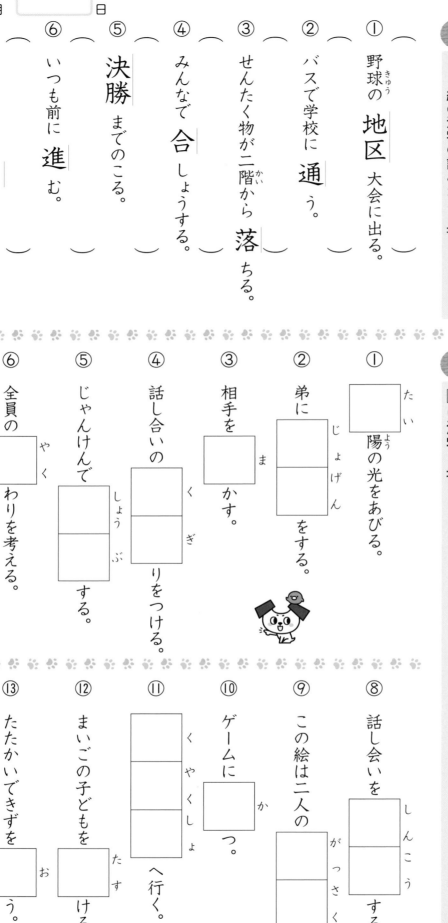

月　日

ぴったり1 じゅんび

漢字を使おう4 主語とじゅつ語、つながってる?

教科書 上127〜129ページ

新しく学習する漢字

県 丁 屋 根 投 球 打 主

教科書上127ページ

県

ケン

おれる　はらう　とめる

1 2 3 4 5 6 7 8 9

使い方

県内《けんない》の学校《がっこう》に通《かよ》う。青森県《あおもりけん》の名産品《めいさんひん》。都道府県《とどうふけん》を書《か》き出《だ》す。

字の形に注意《ちゅうい》

6 県

6画目に注意して書こうね!

県 め

9画

教科書上127ページ

丁

チョウ　◆テイ

はねる

1 2

使い方

一丁目《いっちょうめ》に引《ひ》っこしをする。新《あたら》しい包丁《ほうちょう》を使《つか》う。とうふを二丁《にちょう》買《か》う。

字の形に注意《ちゅうい》

丁

はねないと、アルファベットの「T」になるので、気をつけよう!

一 いち

2画

教科書上127ページ

屋

オク　や

わすれない　長く　はらう

1 2 3 4 5 6 7 8 9

使い方

屋上《おくじょう》からのけしき。屋台《やたい》で食《た》べ物《もの》を買《か》う。屋根《やね》の修理《しゅうり》をする。

反対《はんたい》の意味の言葉

屋内《おくない》
屋外《おくがい》

屋 しかばね

9画

教科書上127ページ

根

コン　ね

わすれない　とめる

1 2 3 4 5 6 7 8 9 10

使い方

根気《こんき》よく続《つづ》ける。チューリップの球根《きゅうこん》。根《ね》っこがのびる。

字の形に注意《ちゅうい》

根

「艮」と書かないようにね!

根 きへん

10画

教科書上127ページ

投

トウ　なげる

はねる　はらう　はねる

1 2 3 4 5 6 7

使い方

投手《とうしゅ》にあこがれる。選挙《せんきょ》で投票《とうひょう》する。上《うえ》に向《む》かって投《な》げる。

送《おく》りがな

投 げ る

投 てへん

7画

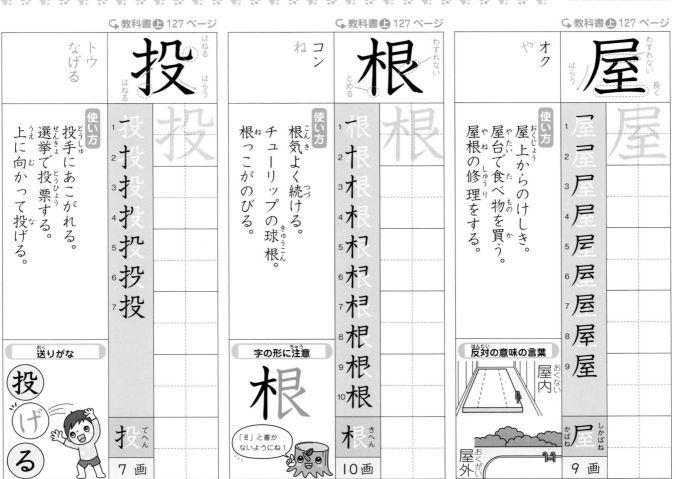

月　　日

教科書上 127ページ

球

キュウ
たま

わすれない
はねる

使い方
地球《ちきゅう》を一周《いっしゅう》する。
野球部《やきゅうぶ》に入部《にゅうぶ》する。
球《たま》を遠《とお》くまで投《な》げる。

1〜11（筆順）

王 たまへん おうへん
11画

字の形に注意《ちゅうい》

球

「求」としないようにね！

教科書上 127ページ

打

ダ
うつ

はねる

使い方
打球《だきゅう》が足《あし》に当《あ》たる。
打楽器《だがっき》をたたく。
バットでボールを打《う》つ。

1〜5（筆順）

扌 てへん
5画

筆じゅん

「扌」は２画目に気をつけよう！

打

教科書上 128ページ

主

シュ
ぬし
おも
◆ス

はなす
長く

使い方
物語《ものがたり》の主人公《しゅじんこう》。
さいふの持《も》ち主《ぬし》が見《み》つかる。
主《おも》な登場人物《とうじょうじんぶつ》を書《か》き出《だ》す。

1〜5（筆順）

丶 てん
5画

形のにた漢字

主役《しゅやく》
王さま
玉

読み方が新しい漢字

漢字	読み方	使い方	前に出た読み方
市	シ	市役所《しやくしょ》へ行《い》く	市場《いちば》
町	チョウ	町長《ちょうちょう》に会《あ》う	町《まち》
村	ソン	市町村《しちょうそん》の名前《なまえ》	村《むら》

「丁」は豆ふを数えるときなどに使うたんいだよ。

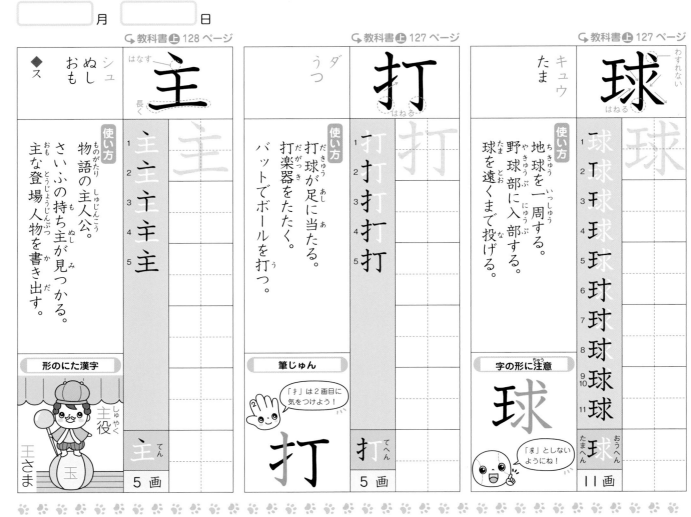

ぴったり2 練習

漢字を使おう4
主語とじゅつ語、つながってる?

教科書 上127~129ページ
答え 6ページ

月　　日

1 ――線の漢字の読みがなを書きましょう。

① 市の人口《こう》を調べる。（　　）
② 村長がいる場所へ行く。（　　）
③ ボールを投げる。（　　）
④ 木の根をほり出す。（　　）
⑤ ボールを打つ。（　　）
⑥ とうふを一丁買う。（　　）
⑦ 物語の主な登場人物。（　　）
⑧ ゴルフの球を打つ。（　　）

2 □に漢字を書きましょう。

① バッターが□《だ》せきに立つ。
② しんぶんに□□《とうしょ》する。
③ ビルの□□《おくじょう》に向かう。
④ □□《ちょうない》の美化《びか》活動にさんかする。
⑤ 物語の□□□《しゅじんこう》。
⑥ チューリップの□□《きゅうこん》。
⑦ □□□《しちょうそん》が合ぺいする。

⑧ 町の三□《ちょう》目に住む。
⑨ □□《そんない》の公園に行く。
⑩ □□《こんき》強く練習する。
⑪ となりの□《けん》まで行く。
⑫ かばんの持ち□《ぬし》をさがす。
⑬ 直球を□《な》げる。
⑭ 家の□□《やね》をしゅう理する。

ぴったり1 じゅんび

サーカスのライオン
漢字を使おう5

教科書 上130〜149ページ

新しく学習する漢字

化 鉄 真 客 着 送 院 皮 受 消 荷 運 陽 路

教科書上 132 ページ

化

はらう　はねる

カ
ばける
ばかす
◆ケ

使い方
貝《かい》の化石《かせき》を見《み》つける。
外国《がいこく》の文化《ぶんか》について学《まな》ぶ。
きつねが人《ひと》に化《ば》ける。

部首《しゅ》
化

「亻」ではないんだね！

化 ひ
4 画

教科書上 133 ページ

鉄

つき出す　はらう

テツ

使い方
鉄《てつ》ぼうの練習《れんしゅう》をする。
鉄道《てつどう》もけいを買《か》う。
鉄分《てつぶん》を多《おお》くふくんだ食品《しょくひん》。

字の形に注意《ちゅうい》
鉄

「矢」ではないよ！

金 かねへん
13画

教科書上 133 ページ

真

つき出す　長く　はらう　とめる

シン
ま

使い方
写真《しゃしん》をとる。
真実《しんじつ》を言《い》い当《あ》てる。
真夜中《まよなか》に目《め》が覚《さ》める。

対《つい》になる言葉
真《ま》っ白
真《ま》っ黒

目 め
10画

教科書上 134 ページ

客

立てる　はらう

キャク
◆カク

使い方
お客《きゃく》さんと話《はなし》をする。
観客席《かんきゃくせき》にすわる。
観光客《かんこうきゃく》でにぎわう。

字の形に注意《ちゅうい》
客

「又」と書かないでね！

宀 うかんむり
9 画

教科書上 134 ページ

着

長く　「日」にしない　つける

チャク
きる
きせる
つく
つける
◆ジャク

使い方
着地《ちゃくち》に成功《せいこう》する。
友《とも》だちが上着《うわぎ》を着《き》る。
予定《よてい》よりも早《はや》く着《つ》く。

字の形に注意《ちゅうい》

「日」ではないよ！

着

羊 ひつじ
12画

月　　日

教科書上 136ページ

送

ソウ
おくる

一画で書く　むきにちゅう意　はらう

使い方

朝《あさ》の放送《ほうそう》が始《はじ》まる。
送球《そうきゅう》が横《よこ》へそれる。
写真《しゃしん》を送《おく》る。

1 2 3 4 5 6 7 8 9

辶 しんにょう しんにゅう　9画

いろいろな読み方

荷物を発送《はっそう》してから、駅で見送《みおく》る。

教科書上 136ページ

院

イン

三画で書く　長く　上にはねる

使い方

病院《びょういん》に通《かよ》う。
院長《いんちょう》の話《はなし》を聞《き》く。
寺院《じいん》におまいりする。

1 2 3 4 5 6 7 8 9 10

阝 こざとへん　10画

反対《はんたい》の意味の言葉

入院《にゅういん》
たい院

教科書上 137ページ

皮

ヒ
かわ

つき出す　「フ」にしない　はらう　はなす

使い方

皮《ひ》ふがあれる。
毛皮《けがわ》のコートを着《き》る。
りんごの皮《かわ》をむく。

1 2 3 4 5

皮 けがわ　5画

字の形に注意《ちゅうい》

はねるよ！

皮

教科書上 139ページ

受

ジュ
うける
うかる

向きにちゅう意　はなす　はらう

使い方

金賞《きんしょう》を受賞《じゅしょう》する。
教育《きょういく》を受《う》ける。
テストに受《う》かる。

1 2 3 4 5 6 7 8

又 また　8画

いろいろな読み方

もしもし

受話器《じゅわき》を取って電話を受《う》ける。

教科書上 141・144ページ

消

ショウ
きえる
けす

「ツ」にしない　はねる

使い方

消火活動《しょうかかつどう》を手伝《てつだ》う。
家《いえ》の明《あ》かりが消《き》える。
テレビを消《け》す。

1 2 3 4 5 6 7 8 9 10

氵 さんずい　10画

反対《はんたい》の意味の言葉

出火
消火《しょうか》

教科書上 141ページ

荷

に
◆カ

「向」にしない

使い方

荷物《にもつ》を一《ひと》つにまとめる。
船《ふね》の積《つ》み荷《に》を降《お》ろす。
荷台《にだい》にのせる。

1 2 3 4 5 6 7 8 9 10

艹 くさかんむり　10画

字の形に注意《ちゅうい》

荷

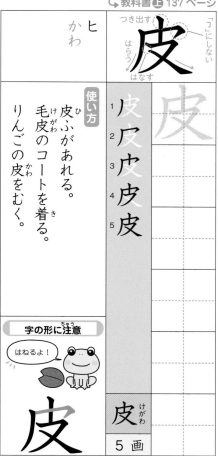

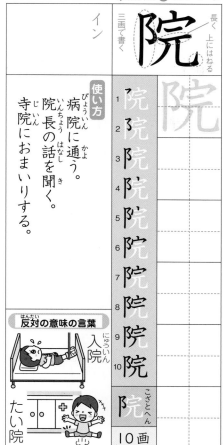

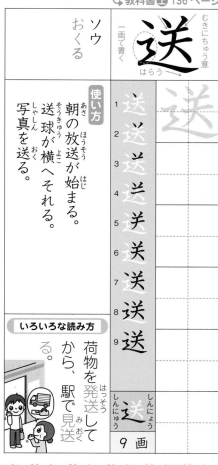

「向」と書きまちがえないでね！

月　日

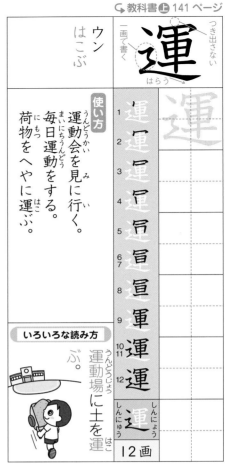

教科書上 141 ページ

運

ウン
はこぶ

つき出さない
一画で書く
はらう

使い方

運動会《うんどうかい》を見《み》に行《い》く。
毎日運動《まいにちうんどう》をする。
荷物《にもつ》をへやに運《はこ》ぶ。

12画　しんにょう（しんにゅう）

いろいろな読み方

運動場《うんどうじょう》に土を運《はこ》ぶ。

教科書上 149 ページ

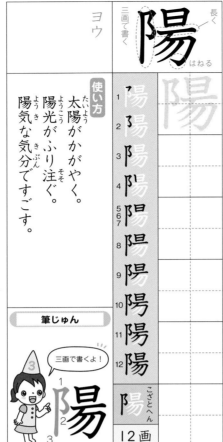

陽

ヨウ

三画で書く
長く
はねる

使い方

太陽《たいよう》がかがやく。
陽光《ようこう》がふり注《そそ》ぐ。
陽気《ようき》な気分《きぶん》ですごす。

12画　こざとへん

筆じゅん

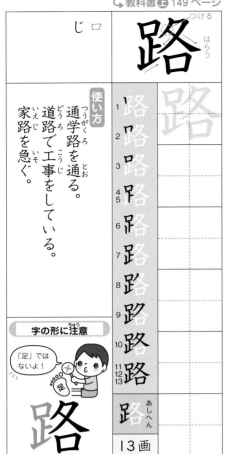

教科書上 149 ページ

路

ロ
じ

つける
はらう

使い方

通学路《つうがくろ》を通《とお》る。
道路《どうろ》で工事《こうじ》をしている。
家路《いえじ》を急《いそ》ぐ。

13画　あしへん

字の形に注意《ちゅうい》

読み方が新しい漢字

漢字	読み方	使い方	前に出た読み方
円	まるい	円《まる》い形《かたち》	五百円《ごひゃくえん》
楽	ラク	楽《らく》なふくそう	音楽《おんがく》　楽《たの》しい　楽《たの》しむ

とくべつな読み方をする言葉

言葉	使い方
部屋《へや》	部屋《へや》をそうじする
真っ赤《まっか》	真《ま》っ赤《か》なバラ
真面目《まじめ》	真面目《まじめ》に練習《れんしゅう》する
真っ青《まっさお》	顔色《かおいろ》が真《ま》っ青《さお》だ

月　日

ぴったり2 練習

サーカスのライオン
漢字を使おう5

教科書 上130〜149ページ
答え 7ページ

1 ――線の漢字の読みがなを書きましょう。

① 決着をつける。（　）
② きぼうの大学に受かる。（　）
③ 日やけをして皮がむける。（　）
④ 病《びょう》気で入院する。（　）
⑤ ろうそくの火が消える。（　）
⑥ 紙を円い形に切る。（　）
⑦ 真面目に話を聞く。（　）
⑧ 友だちに手紙を送る。（　）

2 □に漢字を書きましょう。

① □《てつ》でできた橋をわたる。
② 早朝に□□《らいきゃく》がある。
③ 荷物を□□《うんそう》するトラック。
④ たぬきが人に□《ば》ける。
⑤ □□《かせき》を調べる。
⑥ □□《へや》をきれいにする。
⑦ あの人はいつも□□《ようき》だ。

⑧ 母が□□《きもの》をたたむ。
⑨ □《らく》なしせいで待《ま》つ。
⑩ □□《けがわ》のコートを買う。
⑪ メールを□《じゅ》信《しん》する。
⑫ けが人を車で□《はこ》ぶ。
⑬ □□《しょうか》器《き》の使い方を学ぶ。
⑭ うれしい知らせを□《う》ける。

月　日

練習 ぴったり2

サーカスのライオン 漢字を使おう5

教科書 上130～149ページ
答え 7ページ

1 ――線の漢字の読みがなを書きましょう。

① 電車の路線を調べる。（　　）
② 校内放《ほう》送を聞く。（　　）
③ トラックのつみ荷をおろす。（　　）
④ 真ん中にすわる。（　　）
⑤ お客が帰る。（　　）
⑥ 円いテーブルを買う。（　　）
⑦ けがで通院する。（　　）
⑧ 受話器《き》を取る。（　　）

2 □に漢字を書きましょう。

① ラジオの□□《かいろ》を調べる。
② 友だちに□□《ひにく》を言われる。
③ □□□《たいようこう》をあびる。
④ 顔色が□《まっさお》だ。
⑤ お□《ば》け屋しきに入る。
⑥ □□《てつどう》博《はく》物館へ行く。
⑦ 夕方、□□《いえじ》につく。

⑧ □《まっか》なかばんがほしい。
⑨ 車で家まで□《おく》る。
⑩ 大阪に□《つ》く。
⑪ 身体の□□《しょうか》器官《きかん》。
⑫ 今年は□《うん》がよい。
⑬ 兄は□《まじめ》な人間だ。
⑭ □□《てっぱん》の上でりょう理する。

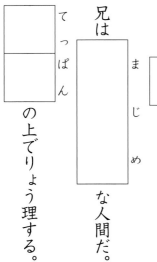

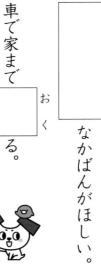

月　日

ぴったり じゅんび 1

せっちゃくざいの今と昔《むかし》 道具のひみつをつたえよう

教科書 下8〜26ページ

新しく学習する漢字

昔 服 両 軽 具 温 度 美 短 整

教科書 下10ページ

昔

むかし
◆セキ
◆シャク

つき出す　長く

使い方
昔話《むかしばなし》を聞《き》く。
昔《むかし》から続《つづ》く祭《まつ》り。
昔風《むかしふう》の建物《たてもの》を見学《けんがく》する。

反対《はんたい》の意味の言葉

昔　日《ひ》　8画

教科書 下10ページ

服

フク

形にちゅう意　はらう　はねる

使い方
服《ふく》そうを整《ととの》える。
薬《くすり》を服用《ふくよう》する。
せい服《ふく》をせんたくする。

言葉の意味

一服《いっぷく》―一休みすること。

服　月《つきへん》　8画

教科書 下11ページ

両

リョウ

つき出さない　はねる

使い方
両方《りょうほう》とも手《て》に入《い》れる。
両手《りょうて》を使《つか》って持《も》ち上《あ》げる。
両親《りょうしん》といっしょに住《す》む。

反対《はんたい》の意味の言葉

両　一《いち》　6画

教科書 下11ページ

軽

ケイ
かるい
◆かろやか

はらう　長く

使い方
軽自動車《けいじどうしゃ》に乗《の》る。
気軽《きがる》に声《こえ》をかける。
軽《かる》い荷物《にもつ》を持《も》つ。

反対《はんたい》の意味の言葉

軽　車《くるまへん》　12画

教科書 下12ページ

具

グ

長く　はらう　とめる

使い方
雨具《あまぐ》を用意《ようい》する。
道具《どうぐ》を使《つか》って運《はこ》ぶ。
具体的《ぐたいてき》に考《かんが》える。

字の形に注《ちゅう》意

具　八《は》　8画

月　日

教科書(下)14ページ

温

オン
あたたか
あたたかい
あたたまる
あたためる

長く

使い方

温水《おんすい》プールで泳《およ》ぐ。
温《あたた》かいスープを飲《の》む。
体《からだ》を温《あたた》める。

反対《はんたい》の意味の言葉

温《あたた》かい
冷《つめ》たい

氵 さんずい
12画

教科書(下)14ページ

度

ド
◆ト
◆タク
◆たび

「廿」にしない　立てる

使い方

温度《おんど》を測《はか》る。
一度《いちど》だけお願《ねが》いする。
何度《なんど》もちょうせんする。

筆じゅん

度（5　4　6　7）

广 まだれ
9画

教科書(下)15ページ

美

ビ
うつくしい

長く　はらう

使い方

美声《びせい》の持《も》ち主《ぬし》。
校内《こうない》を美化《びか》する。
美《うつく》しい夕《ゆう》やけを見《み》る。

送りがな

○美しい
×美くしい

⺶ ひつじ
9画

教科書(下)16ページ

短

タン
みじかい

つき出さない　とめる

使い方

短時間《たんじかん》で終《お》わらせる。
短所《たんしょ》をおぎなう。
短《みじか》い文《ぶん》を作《つく》る。

反対《はんたい》の意味の言葉

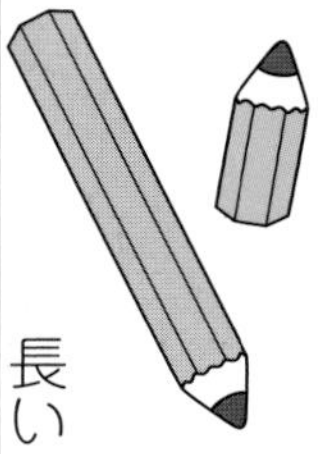

短《みじか》い
長い

矢 やへん
12画

教科書(下)22・23ページ

整

セイ
ととのえる
ととのう

「攵」にしない　とめる　長く

使い方

校庭《こうてい》に整列《せいれつ》する。
形《かたち》を整《ととの》える。
室内《しつない》が整《ととの》う。

送りがな

攵 のぶん ぼくづくり
16画

「短い」・「美しい」・「整える」は送りがなに注意しよう。

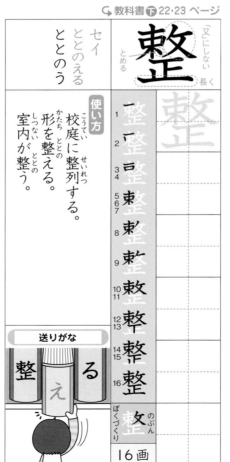

ぴったり2 練習

せっちゃくざいの今と昔《むかし》 道具のひみつをつたえよう

教科書 下8〜26ページ
答え 7ページ

月　　日

1 ──線の漢字の読みがなを書きましょう。

① 公園の美化を手助けする。（　　）
② 短刀を手に持つ。（　　）
③ 心が温かい人。（　　）
④ 絵の具をまぜる。（　　）
⑤ 昼に軽食をとる。（　　）
⑥ ほとけの顔も三度まで。（　　）
⑦ 全体の形が整う。（　　）
⑧ 話を短くまとめる。（　　）

2 □に漢字を書きましょう。

① □□《りょうて》で水をすくう。
② □□□《たんじかん》で終わる。
③ ぬいだ□《ふく》をたたむ。
④ 父から□□《むかしばなし》を聞く。
⑤ □□《あまぐ》を持って出かける。
⑥ 子どもたちの列《れつ》を□《ととの》える。
⑦ □□《こんど》こそ負けない。

⑧ 今日は□□《きおん》が高い。
⑨ □《うつく》しい星空を見る。
⑩ □□《どうぐ》の手入れをする。
⑪ 荷物を□□《せいり》する。
⑫ えん筆が□《みじか》くなる。
⑬ □《び》じゅつ品を買う。
⑭ □《かる》いかばんを買う。

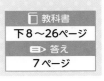

ぴったり1 じゅんび

こそあど言葉／話したいな、すきな時間

新しく学習する漢字

指　植　研　究　深　代

教科書 下28～33ページ

教科書 下28 ページ

指

シ
ゆび
さす

上にはねる　はねる

筆順：1〜9

指（てへん） 9画

使い方
場所《ばしょ》を指定《してい》する。
指《ゆび》を折《お》って数《かぞ》える。
進《すす》む方向《ほうこう》を指す。

言葉の意味
指《ゆび》をくわえる
手を出さずに見ている様子。

教科書 下29 ページ

植

ショク
うえる
うわる

とめる　おれる

筆順：1〜12

植（きへん） 12画

使い方
植物《しょくぶつ》の観察《かんさつ》をする。
植林活動《しょくりんかつどう》に参加《さんか》する。
ももの木《き》を植《う》える。

形のにた漢字
植《う》える
直す

教科書 下29 ページ

研

ケン
◆とぐ

つき出さない　長く　はらう　とめる

筆順：1〜9

研（いしへん） 9画

使い方
夏休《なつやす》みに花《はな》を研究《けんきゅう》する。
今日《きょう》は研《けん》しゅうの日《ひ》です。
父《ちち》の研究室《けんきゅうしつ》に入《はい》る。

字の形に注意《ちゅうい》

教科書 下29 ページ

究

キュウ
◆きわめる

立てる　はねる

筆順：1〜7

究（あなかんむり） 7画

使い方
研究《けんきゅう》したことを発表《はっぴょう》する。
原因《げんいん》を究明《きゅうめい》する。
歴史《れきし》をたん究《きゅう》する。

部首《しゅ》
「究」の部首《しゅ》は、「あなかんむり」だよ。

教科書 下31 ページ

深

シン
ふかい
ふかまる
ふかめる

はらう　とめる

筆順：1〜11

深（さんずい） 11画

使い方
深夜《しんや》に目《め》が覚《さ》める。
深《ふか》いプールで泳《およ》ぐ。
秋《あき》が深《ふか》まる。

反対《はんたい》の意味の言葉

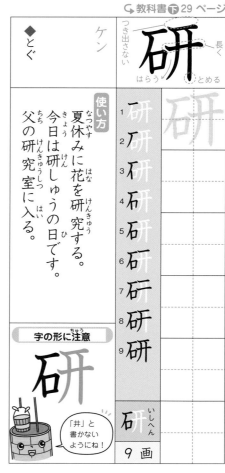

月　日

教科書下31ページ

代

わすれない
はねる

ダイ
タイ
かわる
かえる
◆よ
しろ

使い方

代金《だいきん》をしはらう。
弟《おとうと》と交代《こうたい》する。
日直《にっちょく》を代《か》わる。

1 亻 2 亻 3 仁 4 代 5 代

代《にんべん》

5画

送りがな

代わる

読み方が新しい漢字

漢字	読み方	使い方	前に出た読み方
細	サイ	細工《さいく》をする	細《ほそ》い　細《ほそ》る　細《こま》かい

「代」にはいろいろな読み方があるね。

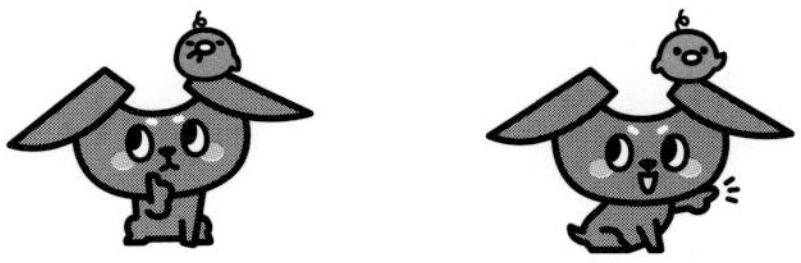

漢字クイズ 7

☆ 文に合う漢字をえらんで、□に書きましょう。

① {深　真} 海魚をてんじする。 □

② みかんの木を {植　直} える。 □

③ 当番を {化　代} わる。 □

答え15ページ

同じ読み方をする漢字の意味のちがいに気をつけよう。

月　日

ぴったり2 練習

こそあど言葉
話したいな、すきな時間

1 ――線の漢字の読みがなを書きましょう。

①（　）ますますなぞが深まる。

②（　）親指をいためる。

③（　）にわに花を植える。

④（　）水深二メートルのプール。

⑤（　）なぞを究明する。

⑥（　）そうじ当番を交代する。

⑦（　）細工をほどこす。

⑧（　）美しい千《ち》代紙。

2 □に漢字を書きましょう。

① じゅん番を□《か》わる。

② 木が□《う》わっている。

③ 言葉をたん□《きゅう》する。

④ 南の方角を□《さ》す。

⑤ □□《しょくぶつ》に水をやる。

⑥ 命に□《か》えられるものはない。

⑦ 大正《たいしょう》□□《じだい》の服。

⑧ □《ふか》い池にすむ魚。

⑨ 委員に□□《しめい》する。

⑩ しょう□《さい》にせつ明する。

⑪ □□《けんきゅう》が終わりに近づく。

⑫ 注《ちゅう》意□《ぶか》くあたりを見回す。

⑬ □□《しょくりん》活動をする。

⑭ □□《ゆびさき》にとんぼがとまる。

教科書 下28〜33ページ

答え 7ページ

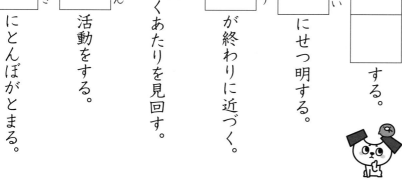

ぴったり1 じゅんび

漢字の読み方

教科書 下34～35ページ

新しく学習する漢字

乗　飲　流　炭　平　和　銀

教科書下34ページ

乗

ジョウ
のる
のせる

いちばん長く　とめる

使い方
朝《あさ》の電車《でんしゃ》は乗客《じょうきゃく》が多《おお》い。
自動車《じどうしゃ》に乗《の》る。
タクシーが客《きゃく》を乗《の》せる。

はらいぼう　乗《の》

9画

反対《はんたい》の意味の言葉

乗《の》る
おりる

教科書下34ページ

飲

イン
のむ

「食」にしない

使い方
飲食店《いんしょくてん》に入《はい》る。
飲料水《いんりょうすい》を買《か》って帰《かえ》る。
水《みず》を飲《の》む。

しょくへん

12画

字の形に注意《ちゅうい》

「食」ではないので
ちゅう意しよう！

飲

教科書下34ページ

流

リュウ
ながれる
ながす
◆ル

立てる　はらう　はねる

使い方
流星《りゅうせい》を見《み》つける。
じゃ口《ぐち》から水《みず》が流《なが》れる。
走《はし》ってあせを流《なが》す。

さんずい

10画

送りがな

流
れ
る

教科書下34ページ

炭

タン
すみ

向きにちゅう意　はらう

使い方
石炭《せきたん》をもやす。
炭《たん》さん飲料《いんりょう》を飲《の》む。
炭火《すみび》で肉《にく》を焼《や》く。

炭《ひ》

9画

部首《ぶしゅ》

炭

部首は「火」だよ！

教科書下35ページ

平

ヘイ
ビョウ
たいら
ひら

つき出さない　長く

使い方
平和《へいわ》について考《かんが》える。
平等《びょうどう》に分《わ》ける。
平《たい》らな場所《ばしょ》に置《お》く。

干《かん》　いちじゅう

5画

対《つい》になる言葉

平日《へいじつ》
休日

月　日

教科書下35ページ

和

ワ
◆オ
◆やわらぐ
◆やわらげる
◆なごむ
◆なごやか

はらう　とめる

使い方

平和《へいわ》な世《よ》の中《なか》をのぞむ。
和室《わしつ》でくつろぐ。
母《はは》が和服《わふく》を着《き》る。

反対《はんたい》の意味の言葉

和食《わしょく》

洋食《ようしょく》

和　口《くち》

8画

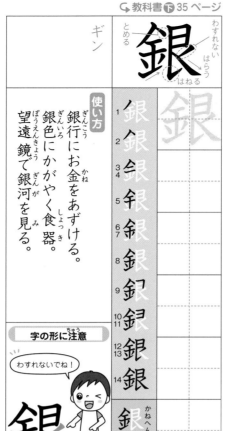

教科書下35ページ

銀

ギン

とめる　わすれない　はらう　はねる

使い方

銀行《ぎんこう》にお金《かね》をあずける。
銀色《ぎんいろ》にかがやく食器《しょっき》。
望遠鏡《ぼうえんきょう》で銀河《ぎんが》を見《み》る。

字の形に注意《ちゅうい》

銀

金　かねへん

14画

「和」の部首《しゅ》は「口」だよ。

読み方が新しい漢字

漢字	馬	頭	星	雲	用	池
読み方	バ	トウ	セイ	ウン	もちいる	チ
使い方	乗馬《じょうば》を習《なら》う	牛《うし》が一頭《いっとう》	流星《りゅうせい》が流《なが》れる	せきらん雲《うん》	音読《おんよ》みで用《もち》いる	かん電池《でんち》
前に出た読み方	馬《うま》	頭《あたま》	星《ほし》	雲《くも》	画用紙《がようし》	ため池《いけ》

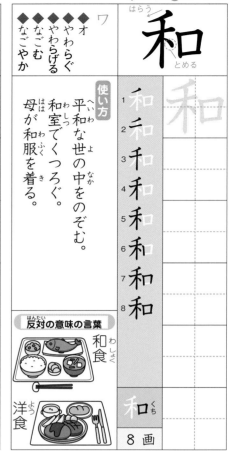

月　日

ぴったり2 練習

漢字の読み方

教科書 下34～35ページ
答え 8ページ

1 ――線の漢字の読みがなを書きましょう。

① 世界の平和をねがう。（　　）
② 水を飲む場所をさがす。（　　）
③ 流れるプールで遊ぶ。（　　）
④ 魚を炭火でやく。（　　）
⑤ はさみを用いる。（　　）
⑥ 家族でバスに乗る。（　　）
⑦ 星雲をながめる。（　　）
⑧ 和風ハンバーグを食べる。（　　）

2 □に漢字を書きましょう。

① ライオンが二□《とう》ねている。
② 店で□□《せきたん》を買う。
③ ここで□□《いんしょく》はできません。
④ □□《ぎんこう》でお金をおろす。
⑤ 時計の□□《でんち》をかえる。
⑥ □《たい》らな地面に立つ。
⑦ インフルエンザが□□《りゅうこう》する。

⑧ □□《じょうば》を体けんする。
⑨ □□《ひらおよ》ぎの練習をする。
⑩ 一面□□《ぎんいろ》の雪景色《げしき》。
⑪ □□《りゅうせい》ぐんをながめる。
⑫ お客さんを車に□《の》せる。
⑬ □《びょう》等《どう》な立場に立つ。
⑭ □□《ばにく》を食べる。

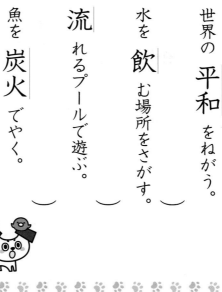

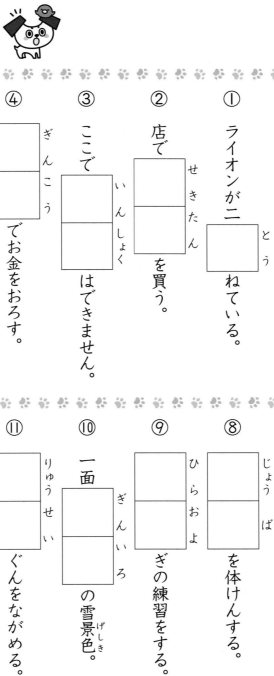

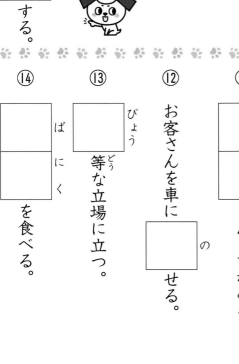

月　日

ぴったり1 じゅんび

モチモチの木　漢字を使おう6

教科書 下38〜57ページ

新しく学習する漢字

鼻　神　祭　歯　医　坂　薬　箱　湯

他　対　洋　湖　酒　油　拾

教科書 下 44 ページ

鼻

「白」にしない　出す　長く　はらう

はな

◆ビ

使い方

鼻歌《はなうた》を歌《うた》う。

ぞうの鼻《はな》の長《なが》さをはかる。

かぜをひいて鼻声《はなごえ》になる。

漢字の使い分け

鼻《はな》
花

鼻《はな》　14画

教科書 下 45 ページ

神

つき出す

シン

ジン

かみ

◆かん

◆こう

使い方

神父《しんぷ》と話《はな》し合《あ》う。

神社《じんじゃ》におまいりに行《い》く。

神様《かみさま》に願《ねが》い事《ごと》をする。

字の形に注意《ちゅうい》

つき出すよ！

神

ネ しめすへん　9画

教科書 下 45 ページ

祭

「タ」にしない　とめる　はらう　はねる

サイ

まつる

まつり

使い方

文化祭《ぶんかさい》に出店《しゅってん》する。

神様《かみさま》を祭《まつ》る。

地《ち》いきの祭《まつ》りを楽《たの》しむ。

字の形に注意《ちゅうい》

祭

「癶」と書かないようにね！

祭 しめす　11画

教科書 下 47 ページ

歯

わすれない　つき出す　つき出す

シ

は

使い方

父《ちち》は歯科医《しかい》です。

毎日《まいにち》歯《は》みがきをする。

歯車《はぐるま》がくるい出《だ》す。

いろいろな読み方

歯科《しか》に通い、虫《むし》歯《ば》をなおす。

歯《は》　12画

教科書 下 47 ページ

医

つき出さない　おれる

イ

使い方

医者《いしゃ》を目ざす。

今《いま》の医学《いがく》では分《わ》からない。

医薬品《いやくひん》を買《か》う。

字の形に注意《ちゅうい》

医

「矢」と書かないようにね！

匚 かくしがまえ　7画

月　日

教科書㊦49ページ

坂

◆ハン　さか

はらう

使い方
坂道《さかみち》をゆっくり上《のぼ》る。
上《のぼ》り坂《ざか》で息《いき》が切《き》れる。
下《くだ》り坂《ざか》でつまずく。

形のにた漢字
板《いた》　坂《さか》

坂　つちへん
7画

教科書㊦49ページ

薬

ヤク　くすり

向きにちゅう意　はらう

使い方
火薬《かやく》で花火《はなび》を作《つく》る。
薬指《くすりゆび》をけがする。
目薬《めぐすり》をさす。

いろいろな読み方
薬局《やっきょく》でかぜ薬《ぐすり》を買う。

薬　くさかんむり
16画

教科書㊦49ページ

箱

はこ

形にちゅう意　おれる　とめる

使い方
空《あ》き箱《ばこ》で工作《こうさく》をする。
薬箱《くすりばこ》を整理《せいり》する。
とび箱《ばこ》を練習《れんしゅう》する。

部首《ぶしゅ》
箱

箱　たけかんむり
15画

教科書㊦52ページ

湯

トウ　ゆ

長く　はねる

使い方
熱湯《ねっとう》をかける。
銭湯《せんとう》へ家族《かぞく》で行《い》く。
湯《ゆ》をわかす。

字の形に注意《ちゅうい》
湯

湯　さんずい
12画

教科書㊦53ページ

他

タ　ほか

長く　はねる　上にはねる

使い方
他人《たにん》まかせにする。
他校《たこう》で試合《しあい》をする。
他《ほか》の国《くに》へ出《で》かける。

対《つい》になる言葉
他人《たにん》　自分

他　にんべん
5画

教科書㊦54ページ

対

タイ　◆ツイ

立てる　はらう　とめる　はねる

使い方
反対《はんたい》の意見《いけん》を言《い》う。
兄《あに》とうでずもうで対決《たいけつ》する。
対戦相手《たいせんあいて》が決《き》まる。

反《はん》対の意味の言葉
反対《はんたい》　さんせい

対　すん
7画

月　日

教科書下57ページ

洋

つき出さない
長く

ヨウ

使い方

洋服《ようふく》に着《き》がえる。
洋画《ようが》を見《み》る。
洋食《ようしょく》の店《みせ》をさがす。

字の形に注意《ちゅうい》

洋

上につき出さないよ！

洋 さんずい

9画

教科書下57ページ

湖

はねる
はらう

コ
みずうみ

使い方

父《ちち》と琵琶湖《びわこ》でつりをする。
湖《みずうみ》にボートをうかべる。
湖《みずうみ》のほとりを歩《ある》く。

字の形に注意《ちゅうい》

「舌」や「𠦝」と書きまちがえないでね！

湖

湖 さんずい

12画

教科書下57ページ

酒

「西」にしない

シュ
さけ
さか

使い方

日本酒《にほんしゅ》を使《つか》った料理《りょうり》。
あま酒《ざけ》を飲《の》む。
酒屋《さかや》で働《はたら》く。

字の形に注意《ちゅうい》

酒

わすれないでね！

酉 ひよみのとり

10画

教科書下57ページ

油

つき出す

ユ
あぶら

使い方

ストーブに灯油《とうゆ》を入《い》れる。
油絵《あぶらえ》を習《なら》いに行《い》く。
フライパンに油《あぶら》をひく。

言葉の意味

油《あぶら》を売《う》る
むだ話をしてなまけること。

油 さんずい

8画

教科書下57ページ

拾

「合」にしない
はねる

ひろう
◆シュウ
◆ジュウ

使い方

さいふを拾《ひろ》ってとどける。
記事《きじ》の拾《ひろ》い読《よ》みをする。
ごみ拾《ひろ》いをする。

反《はん》対の意味の言葉

拾《ひろ》う

すてる

扌 てへん

9画

読み方が新しい漢字

漢字	読み方	使い方	前に出た読み方
里	リ	千里《せんり》の道《みち》を行《い》く	山里《やまざと》

月　　日

ぴったり2 練習

モチモチの木
漢字を使おう6

1 線の漢字の読みがなを書きましょう。

① （　　）神様にねがいをする。
② （　　）祖《そ》先を祭る。
③ （　　）近所の歯科に通う。
④ （　　）急な坂道を歩く。
⑤ （　　）薬箱からかぜ薬を出す。
⑥ （　　）熱《ねっ》湯に注《ちゅう》意して取り出す。
⑦ （　　）レストランで洋食を食べる。
⑧ （　　）父は日本酒がすきだ。

2 □に漢字を書きましょう。

① つい□□《はなうた》が出る。
② 昔の□□《しんわ》を読む。
③ 明日は□□《さいじつ》だ。
④ 白い□《は》を見せてわらう。
⑤ □□《いしゃ》から話を聞く。
⑥ きょう□《り》にもどる。
⑦ 二つの□□《やくひん》をまぜる。

⑧ 母に空き□《ばこ》をもらう。
⑨ ぬるま□《ゆ》につかる。
⑩ □□《ふでばこ》をわすれる。
⑪ □□《たこく》で作られた作品。
⑫ 家族との□□《たいわ》を大事にする。
⑬ ぬいだ□□《ようふく》をたたむ。
⑭ 大きな□《みずうみ》で泳ぐ。

教科書 下38〜57ページ
答え 8ページ

モチモチの木
漢字を使おう6

月　日

1 ——線の漢字の読みがなを書きましょう。

① 新しい油田をほる。（　　）

② 落とし物を拾う。（　　）

③ 神社でおみくじを引く。（　　）

④ お湯をわかす。（　　）

⑤ ライバルと対決する。（　　）

⑥ 歯医者になるために学校に通う。（　　）

⑦ びわ湖でバーベキューをする。（　　）

⑧ 鼻水が止まらない。（　　）

2 □に漢字を書きましょう。

① □《さけ》を飲むのは苦手だ。

② □□《あぶらえ》をかく。

③ □《かみ》だなにおそなえをする。

④ 友人の□□《ほんばこ》をもらう。

⑤ ごま□《あぶら》を使う。

⑥ となりの家は□□《さかや》だ。

⑦ □《は》が生える。

⑧ □《ほか》の人にたのむ。

⑨ □□□《たいへいよう》に面している。

⑩ ごみ□《ひろ》いをする。

⑪ □□《たにん》のふりをする。

⑫ 毎年□□《なつまつ》りが開かれる。

⑬ □□《さかみち》を下る。

⑭ 夕食後に□《くすり》を飲む。

教科書 下38〜57ページ
答え 8ページ

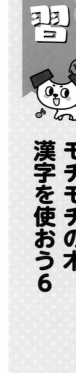

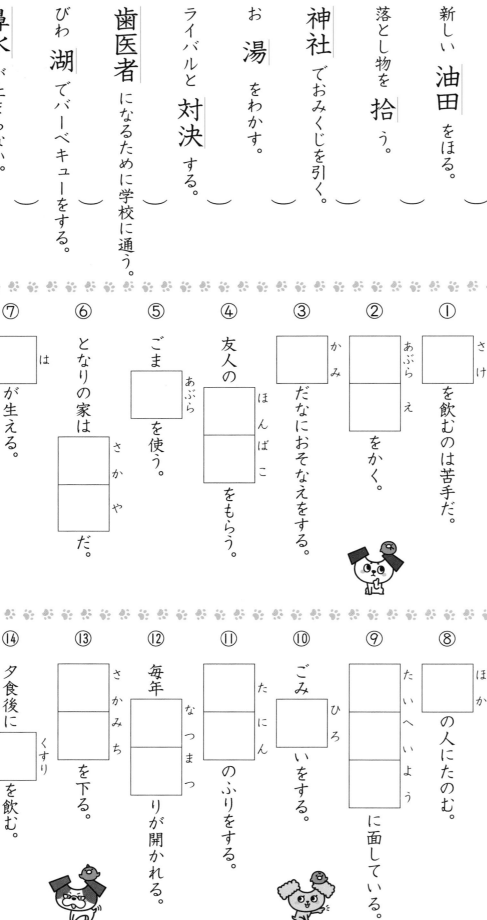

月　　日

ぴったり1 じゅんび

人物の気持ちを表す言葉
いろいろなつたえ方

教科書 下58～63ページ

新しく学習する漢字

羊　駅　港　界

教科書 下 58 ページ

羊

ヨウ
ひつじ

つき出さない　長く

使い方

羊毛《ようもう》のふとんでねる。
羊《ひつじ》にえさをやる。
羊雲《ひつじぐも》を見《み》つける。

形のにた漢字

半　分
羊《ひつじ》

羊《ひつじ》　6画

教科書 下 62 ページ

駅

エキ

向きにちゅう意　いちにちゅう意　はらう

使い方

駅《えき》まで歩《ある》いて行《い》く。
駅前《えきまえ》の広場《ひろば》に集《あつ》まる。
お正月《しょうがつ》に駅伝《えきでん》を見《み》る。

筆じゅん

1画目にちゅう意してね！

馬《うまへん》　14画

教科書 下 62 ページ

港

コウ
みなと

つける　上にはねる

使い方

空港《くうこう》までむかえに行《い》く。
船《ふね》が出港《しゅっこう》する。
港町《みなとまち》を歩《ある》く。

筆じゅん

4～7画目にちゅう意しよう！

氵《さんずい》　12画

教科書 下 62 ページ

界

カイ

はらう　つき出さない　とめる

使い方

世界《せかい》の平和《へいわ》を願《ねが》う。
銀世界《ぎんせかい》のゲレンデ。
運動場《うんどうじょう》に境界線《きょうかいせん》を引《ひ》く。

字の形に注意《ちゅうい》

「介」の形をしっかりおぼえよう！

田《た》　9画

読み方が新しい漢字

漢字	読み方	使い方	前に出た読み方
声	セイ	発声《はっせい》の練習《れんしゅう》	声《こえ》
同	ドウ	同意《どうい》をえる	同《おな》じ
読	トウ	読点《とうてん》をつける	音読《おんどく》　読《よ》む

月　　日

ぴったり2 練習

人物の気持ちを表す言葉
いろいろなつたえ方

1 ＿線の漢字の読みがなを書きましょう。

① 羊毛《もう》でできた服。（　　）

② 駅長としてはたらく。（　　）

③ 港に船がとまっている。（　　）

④ 外界からとざされる。（　　）

⑤ 音声を聞く。（　　）

⑥ 前と同様に考える。（　　）

⑦ 羊の数を数える。（　　）

⑧ 文に読点をつける。（　　）

2 □に漢字を書きましょう。

① ぼく場に□《ひつじ》がいる。

② □《えき》まで送って行く。

③ □□《くうこう》にとう着する。

④ □□《せかい》の国を旅《たび》する。

⑤ □《せい》ゆうになりたい。

⑥ □□《どうじ》にボタンをおす。

⑦ 文に□□《とうてん》をうつ。

⑧ ぎょ□《こう》で魚を買う。

⑨ 友人の意見に□□《どうかん》です。

⑩ 国が□□《せいめい》を出す。

⑪ □□《ひつじぐも》が見える。

⑫ □《みなと》でつりをする。

⑬ いろいろな□□《ぎょうかい》がある。

⑭ □□《えきまえ》で待《ま》ち合わせる。

教科書 下58〜63ページ
答え 8ページ

月　日

ぴったり1 じゅんび

本から発見したことをつたえ合おう 漢字を使おう7

新しく学習する漢字

期 勉 級 式 列 予 談 反

教科書 下64～68ページ

教科書下64ページ

期

キ ◆ゴ

つき出す　はらう　とめる　はねる

使い方

新学期《しんがっき》が始《はじ》まる。

しゅうかくの時期《じき》になる。

テストの結果《けっか》に期待《きたい》する。

筆じゅん

期

1画目に気をつけてね！

月《つき》

12画

教科書下64ページ

勉

ベン

はらう　上にはねる

使い方

進《すす》んで勉学《べんがく》にはげむ。

友《とも》だちの家《いえ》で勉強会《べんきょうかい》をする。

国語《こくご》を勉強《べんきょう》する。

字の形に注意《ちゅうい》

勉

上にはねてね！

力《ちから》

10画

教科書下68ページ

級

キュウ

一画で書く

使い方

学級会《がっきゅうかい》を開《ひら》く。

同級生《どうきゅうせい》と仲良《なかよ》くなる。

高級《こうきゅう》な食《た》べ物《もの》がならぶ。

筆じゅん

8画目は一画で書くよ！

級

糸《いとへん》

9画

教科書下68ページ

式

シキ

わすれない　はねる

使い方

入学式《にゅうがくしき》に出席《しゅっせき》する。

式《しき》と答《こた》えを書《か》く。

式典《しきてん》をとり行《おこな》う。

字の形に注意《ちゅうい》

わすれないでね！

式

弋《しきがまえ》

6画

教科書下68ページ

列

レツ

短く　はらう　はねる

使い方

一列《いちれつ》にならんで歩《ある》く。

行列《ぎょうれつ》のできるお店《みせ》。

長《なが》い列車《れっしゃ》が通《とお》る。

使い方

日本列島《れっとう》を走るいろいろな列車《れっしゃ》。

刂《りっとう》

6画

月　日

教科書下68ページ

予

ヨ

とめる　はねる

1 2 3 4 予

使い方

レストランを予約《よやく》する。
日曜日《にちようび》の予定《よてい》を立《た》てる。
算数《さんすう》の予習《よしゅう》をする。

反《はん》対の意味の言葉

予習《よしゅう》
ふく習

予　はねぼう

4画

教科書下68ページ

談

ダン

形にちゅう意

1 2 3 4 5 6 7 8 9 10 11 12 13 14 15 談

使い方

なやみ事《ごと》を相談《そうだん》する。
友《とも》だちと談話《だんわ》する。
先生《せんせい》と面談《めんだん》する。

部首《しゅ》

談
「火」ではないよ！

談　ごんべん

15画

教科書下68ページ

反

ハン
そる
そらす
◆ホン
◆タン

はらう

1 2 3 4 反

使い方

意見《いけん》に反対《はんたい》する。
板《いた》が反《そ》る。
むねを反《そ》らす。

形のにた漢字

反《そ》る
友《とも》だち

又　また

4画

漢字クイズ8

☆例《れい》のように、□にあてはまる漢字を入れて、じゅく語を作りましょう。

答え15ページ

例
大 → 地
土 → 地 → 下
地 → 面
（□：地）

①
時 → □
長 → □ → 間
□ → 日

②
行 → □
整 → □ → 車
□ → 島

矢印《じるし》の方向に読みましょう。

8月
31

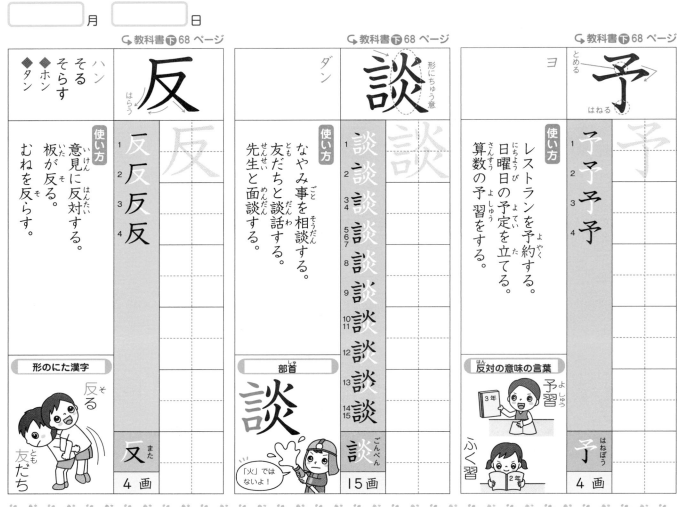

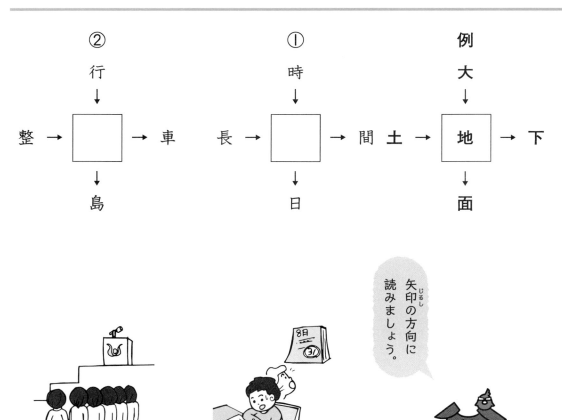

本から発見したことをつたえ合おう
漢字を使おう7

教科書 下64～68ページ
答え 9ページ

月　日

1 ―線の漢字の読みがなを書きましょう。

① 算数の予習をすませる。（　）
② 先生に相談する。（　）
③ 反対の意見が多い。（　）
④ 二学期が終わる。（　）
⑤ 勉学にはげむ。（　）
⑥ かれは同級生だ。（　）
⑦ 長い列を作っている。（　）
⑧ きたいに反する。（　）

2 □に漢字を書きましょう。

① テストの□□《きかん》が決まる。
② 進んで□□《べんきょう》に取り組む。
③ □□□□《がっきゅういいん》になる。
④ □□□《にゅうがくしき》に出る。
⑤ □□《ぎょうれつ》にならぶ。
⑥ 校長先生と父が□□《めんだん》する。
⑦ 後ろに体を□《そ》らす。

⑧ いやな□□《よかん》がする。
⑨ □□《けいしき》にとらわれない。
⑩ 日本□□《れっとう》は南北に長い。
⑪ おこられて□《はん》省《せい》する。
⑫ 今はさくらの□□《じき》だ。
⑬ □□《ひつだん》で話す。
⑭ けっかを□□《よそう》する。

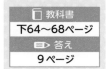

月　日

冬のチャレンジテスト①

時間 30分

／100

ごうかく 80点

教科書 上110～下68ページ

答え 9ページ

1 ——線の漢字の読みがなを書きましょう。

一つ2点（32点）

① この地区（　）には古い薬局（　）が多い。

② 真っ赤（　）にもえる太陽（　）を見上げる。

③ お気に入りの服（　）を何回も着（　）る。

④ にわで球根（　）をていねいに植（　）える。

⑤ この道路（　）をまっすぐに進（　）む。

⑥ バスに乗（　）ってクラブに通（　）う。

⑦ 部屋（　）にとても美（　）しい花をかざる。

⑧ お客（　）さまの落（　）とした物をとどける。

2 □に漢字を入れて、矢印《じるし》の上と下の言葉が反対の意味になるようにしましょう。

一つ2点（16点）

① 負ける ⇕ □つ

② 片《かた》方 ⇕ □方

③ 今 ⇕ □

④ 和風 ⇕ □風

⑤ 捨《す》てる ⇕ □う

⑥ 長い ⇕ □い

⑦ あさい ⇕ □い

⑧ 重《おも》い ⇕ □い

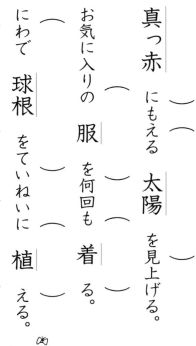

月　日

3 □に漢字を書きましょう。

一つ2点(32点)

① 竹□□《ざいく》のかご。

② □□《やくめ》をはたす。

③ □《らく》な道をえらぶ。

④ たなを□□《せいり》する。

⑤ 豆ふを□□《いっちょう》買う。

⑥ バナナの□《かわ》をむく。

⑦ □《てつ》ぼうで遊ぶ。

⑧ □□《かせき》を見つける。

⑨ □□《かくど》をつけて、ボールを□《な》げる。

⑩ 病《びょう》□《いん》で注射《ちゅうしゃ》を□《う》つ。

⑪ テストを□《う》ける。

⑫ □《あたた》かいスープを□《の》む。

⑬ □《おも》なできごと。

4 次の漢字の一画目は、たてですか、横ですか。たてから書くものはア、横から書くものはイと答えましょう。

一つ2点(12点)

① 真〔　　〕

② 指〔　　〕

③ 服〔　　〕

④ 具〔　　〕

⑤ 区〔　　〕

⑥ 荷〔　　〕

5 次の意味をもつじゅく語を、□の中の漢字を組み合わせて作りましょう。（□の中の漢字は、一回しか使えません。）

一つ2点(8点)

① 荷物や品物をはこぶこと。□□

② 物事をくわしく調べて、明らかにすること。□□

③ 仕事の手だすけをする人のこと。□□

④ 急に世間に広がりふえること。はやり。□□

行　流　送　研　手　運　究　助

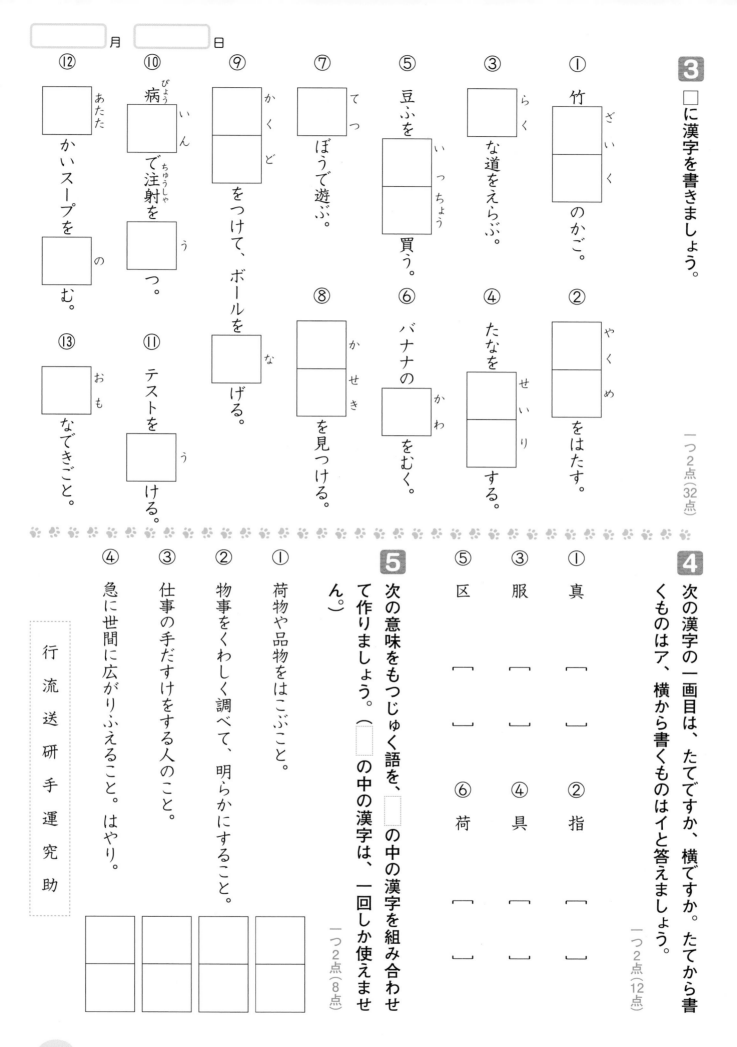

月　日

冬のチャレンジテスト②

時間30分　／100　ごうかく80点

教科書　上110〜下68ページ

答え　10ページ

1 ――線の漢字の読みがなを書きましょう。　一つ2点（34点）

① 水深（　）五十メートルの 湖（　）。

② 多くの 石炭（　）などの 荷（　）をつんだ船が進む。

③ 白銀（　）のような 世界（　）が広がる。

④ 坂（　）の上から 港（　）が見える。

⑤ 酒（　）を 飲（　）んで、道路（　）を歩くのはあぶない。

⑥ 歯科医（　）に、きれいな 歯（　）だとほめられる。

⑦ 駅前（　）にある新しい 薬局（　）に行く。

⑧ 店頭（　）にとても長い 行列（　）ができる。

2 ――線のひらがなを、漢字と送りがなに分けて書きましょう。　一つ2点（10点）

① 川がしずかにながれる。〔　　〕

② エネルギーをもちいる。〔　　〕

③ 身だしなみをととのえる。〔　　〕

④ 弟のかわりに試《し》合に出る。〔　　〕

⑤ みじかい文章を作る。〔　　〕

3 次の漢字の部首《しゅ》名（へん）を書きましょう。　一つ2点（12点）

① 植〔　　〕

② 指〔　　〕

③ 鉄〔　　〕

④ 坂〔　　〕

⑤ 陽〔　　〕

⑥ 他〔　　〕

□月□日

4 □に漢字を書きましょう。

一つ2点(32点)

① □□《へいや》が広がる。

② □□《はなうた》を口ずさむ。

③ □□《じんじゃ》の□《まつ》り。

④ □《び》術《じゅつ》の□□《べんきょう》。

⑤ 空き□《ばこ》を捨《す》てる。

⑥ □□《はっせい》練習をする。

⑦ 春の□□《よかん》。

⑧ 物語の□□□《しゅじんこう》。

⑨ □□□《がっきゅうかい》の□□□《しんこうやく》をつとめる。

⑩ □□《けんきゅう》内容《よう》の□□《そうだん》をする。

⑪ もうすぐ□□□《にゅうがくしき》の□□《じき》だ。

5 次の□に、上でしめした読み方をする漢字を入れて、じゅく語をかんせいさせましょう。

一つ2点(12点)

① ヨウ
- ア □毛《もう》のセーターを着る。
- イ □食を食べる。

② ユ
- ア お□をわかす。
- イ 石□を輸《ゆ》入する。

③ タイ
- ア 当番を交□する。
- イ ライバルと□決する。

①・②は、それぞれ同じ部分を持つ漢字ですね。

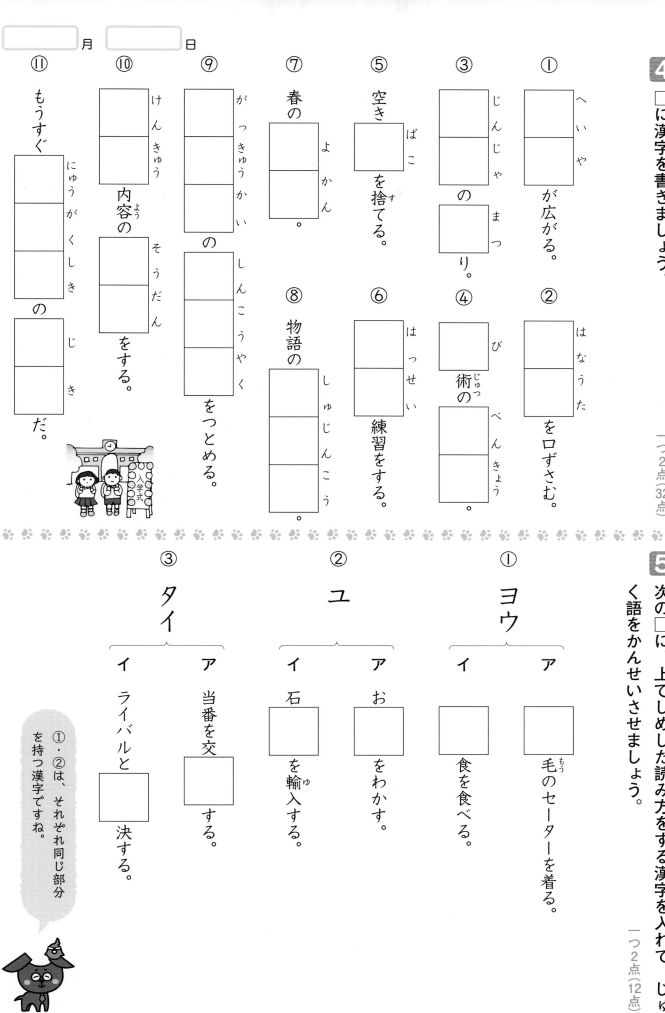

ぴったり1 じゅんび

俳句《はいく》に親しもう

教科書 下70〜75ページ

月　日

新しく学習する漢字

注
暗

教科書 下70ページ

注

チュウ
そそぐ

使い方
料理《りょうり》の注文《ちゅうもん》をする。
話《はな》している人《ひと》に注目《ちゅうもく》する。
湯《ゆ》のみにお茶《ちゃ》を注《そそ》ぐ。

いろいろな読み方
注意《ちゅうい》して、お茶を注《そそ》ぐ。

注 さんずい
8画

教科書 下75ページ

暗

アン
くらい

使い方
文章《ぶんしょう》を暗記《あんき》する。
暗算《あんざん》で答《こた》える。
暗《くら》い道《みち》を歩《ある》く。

反対の意味の言葉

暗《くら》い

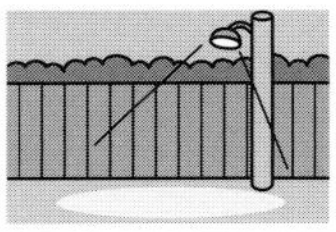

明るい

日 ひへん
13画

読み方が新しい漢字

漢字	竹
読み方	チク
使い方	竹林《ちくりん》を歩《ある》く
前に出た読み方	竹《たけ》とんぼ

漢字クイズ9

☆ 文に合う漢字をえらんで、□に書きましょう。

① りょう理を {注　住} 文する。　□

② {林　竹} 馬で遊ぶ。　□

答え15ページ

読み方や形のにた漢字に注意してえらんでね。

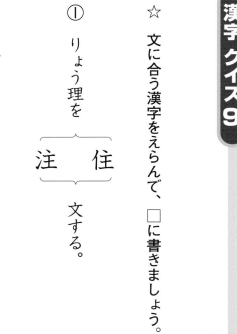

月　日

ぴったり1 じゅんび

カミツキガメは悪者か
漢字を使おう8

教科書 下76〜91ページ

新しく学習する漢字

悪　岸　放　幸　悲　商　昭　帳

教科書 下 78 ページ

悪（つき出さない／長く／はねる）

アク　わるい　◆オ

使い方
- きずが悪化《あっか》する。
- 悪人《あくにん》がつかまる。
- 悪《わる》い出来事《できごと》が重《かさ》なる。

悪　こころ　11画

字の形に注意

「西」ではないよ！

教科書 下 80 ページ

岸（「干」にしない／はらう）

ガン　きし

使い方
- 海岸《かいがん》にそった道《みち》。
- 川《かわ》の対岸《たいがん》をながめる。
- 岸辺《きしべ》を歩《ある》く。

岸　やま　8画

字の形に注意

「千」にしないように気をつけよう！

教科書 下 85 ページ

放（はねる／はらう）

ホウ　はなす　はなつ　はなれる　ほうる

使い方
- プールを開放《かいほう》する。
- 魚《さかな》を川《かわ》に放《はな》す。
- ボールを放《ほう》る。

放　ぼくづくり　のぶん　8画

部首《ぶしゅ》

「方」ではないんだね！

教科書 下 86 ページ

幸（長く）

コウ　さいわい　しあわせ　◆さち

使い方
- 幸運《こううん》な出来事《できごと》が起《お》こる。
- 幸《さいわ》い軽《かる》いけがですんだ。
- 幸《しあわ》せにくらす。

幸　いちじゅう　かん　8画

送りがな

幸
わ
せ

教科書 下 87 ページ

悲（はらう／はねる）

ヒ　かなしい　かなしむ

使い方
- 悲鳴《ひめい》が聞《き》こえる。
- 悲《かな》しい出来事《できごと》が起《お》こる。
- 生《い》き物《もの》の死《し》を悲《かな》しむ。

悲　こころ　12画

送りがな

悲
し
む

月　日

教科書下91ページ

商

ショウ

◆あきなう

「古」にしない　立てる　はねる

使い方

商品《しょうひん》をならべる。

商店街《しょうてんがい》で買《か》い物《もの》をする。

商売《しょうばい》が成功《せいこう》する。

字の形に注意

商

「古」ではないよ！

口（くち）

11画

教科書下91ページ

昭

ショウ

つき出さない

使い方

父《ちち》は昭和《しょうわ》五十年《ごじゅうねん》生《う》まれです。

昭和《しょうわ》のおもかげがのこる町《まち》。

昭和《しょうわ》の時代《じだい》が終《お》わる。

言葉の意味

「昭和《しょうわ》」は年号です。

昭和
平成《へいせい》
令和《れいわ》

日（ひへん）

9画

教科書下91ページ

帳

チョウ

つき出す　はねる　はらう

使い方

手帳《てちょう》に予定《よてい》を書《か》く。

日記帳《にっきちょう》を読《よ》み返《かえ》す。

銀行《ぎんこう》の通帳《つうちょう》をしまう。

形のにた漢字

手帳《てちょう》

○月△日 12:00〜
○月□日 15:00〜

校長

巾（きんべん・はばへん）

11画

読み方が新しい漢字

漢字	読み方	使い方	前に出た読み方
新	シン	新品《しんぴん》の本《ほん》	新《あたら》しい
聞	ブン	でん聞《ぶん》したこと	聞《き》く　聞《き》こえる
鳴	メイ	悲鳴《ひめい》を上《あ》げる	鳴《な》く

とくべつな読み方をする言葉

言葉	使い方
八百屋《やおや》	八百屋《やおや》で買《か》い物《もの》をする

たくさんのやさいを売っているから「八百」となったそうですよ。

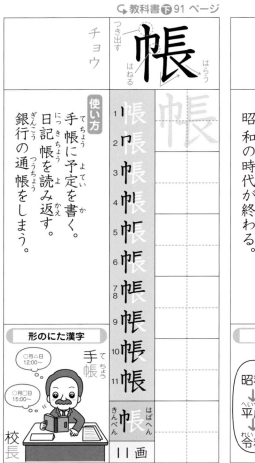

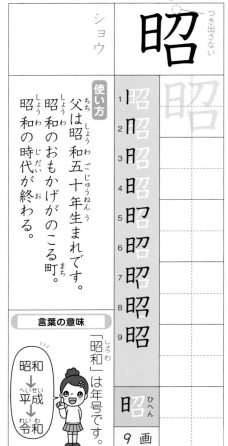

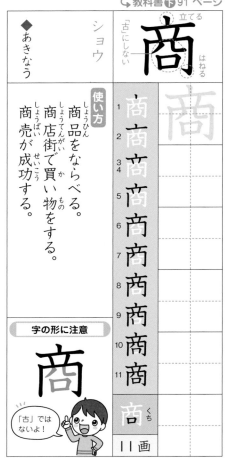

ぴったり2 練習

俳句《はいく》に親しもう
カミツキガメは悪者か
漢字を使おう8

教科書 下70〜91ページ
答え 10ページ

　月　　日

1 ―線の漢字の読みがなを書きましょう。

① 病《びょう》気が悪化する。（　　）
② 世間に注目される。（　　）
③ 漢字を暗記する。（　　）
④ 川岸でくつろぐ。（　　）
⑤ 子どもが親の手から放れる。（　　）
⑥ 幸運の持ち主。（　　）
⑦ ボールを放り投げる。（　　）
⑧ 予定《てい》を手帳に書きこむ。（　　）

2 □に漢字を書きましょう。

① びっくりして□□《ひめい》を上げる。
② さわいで□□《ちゅうい》される。
③ 体調が□《わる》くなる。
④ 知らせを聞いて□《かな》しむ。
⑤ 川の□□《たいがん》にうつる。
⑥ 魚を川に□□《ほうりゅう》する。
⑦ □《さいわ》い雨は上がった。

⑧ □□《しんきょく》が発表される。
⑨ メモ□《ちょう》をわすれる。
⑩ □《かな》しい気持ちになる。
⑪ □□《しょうてん》をいとなむ。
⑫ □□《あんごう》をかい読する。
⑬ 人の□□《わるぐち》を言うな。
⑭ ホタルが光を□《はな》つ。

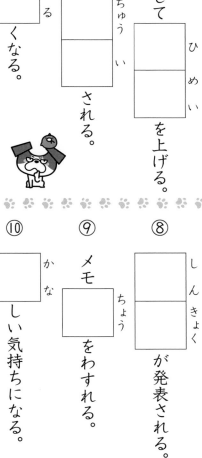

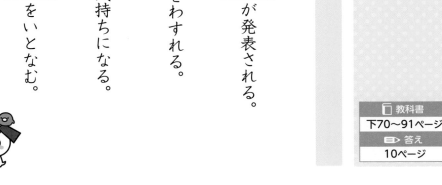

月　　日

ぴったり2 練習

俳句《はいく》に親しもう
カミツキガメは悪者か
漢字を使おう8

1 ――線の漢字の読みがなを書きましょう。

① 車に注意する。【　】
② 画面が暗くなる。【　】
③ 天気が悪くなる。【　】
④ 海岸にそって進む。【　】
⑤ 海へ魚を放す。【　】
⑥ 幸せなことがつづく。【　】
⑦ 新しい商品を買う。【　】
⑧ 祖《そ》母は昭和生まれだ。【　】

2 □に漢字を書きましょう。

① お茶をカップに□《そそ》ぐ。
② □□《あんざん》はとく意だ。
③ □□《あくにん》をこらしめる。
④ □《ひ》げきてきなニュース。
⑤ 荷物を□《きし》に上げる。
⑥ 校内□□《ほうそう》を聞く。
⑦ □□《こううん》な出来事。

⑧ □《かな》しい物語を読む。
⑨ □□《しょうばい》がうまくいく。
⑩ 銀行の□□《つうちょう》。
⑪ 毎朝□□《しんぶん》を読む。
⑫ □□《しんねん》が明ける。
⑬ □《やおや》で買い物をする。
⑭ □□《ちくりん》でまよう。

教科書 下70～91ページ
答え 10ページ

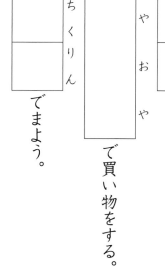

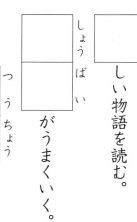

月　日

ぴったり1 じゅんび

道具のうつりかわりを説明《せつ》しよう／漢字を使おう9／くわしく表す言葉

教科書 下100～109ページ

新しく学習する漢字

庫　転　第　福　等　定　宮　宿　追　庭

教科書 下101ページ

庫（立てる・長く・はらう）

コ　◆ク

使い方
倉庫《そうこ》の整理《せいり》をする。
金庫《きんこ》の中身《なかみ》を見《み》る。
車《くるま》を車庫《しゃこ》に入《い》れる。

部首《ぶしゅ》：庫（まだれ）　10画

「庫」の部首《しゅ》は「まだれ」だよ。

庫

教科書 下101ページ

転（つける・とめる）

テン
ころがる
ころげる
ころがす
ころぶ

使い方
車輪《しゃりん》が回転《かいてん》する。
球《たま》が転《ころ》がる。
坂道《さかみち》で転《ころ》ぶ。

車（くるまへん）　11画

いろいろな読み方

自転車《じてんしゃ》に乗って
転《ころ》ぶ。

教科書 下107ページ

第（つき出さない・はらう・はねる）

ダイ

使い方
リレーで第一走者《だいいちそうしゃ》になる。
元気《げんき》が第一《だいいち》だ。
第三者《だいさんしゃ》の意見《いけん》を聞《き》く。

第（たけかんむり）　11画

形のにた漢字

第一位《だいいちい》

弟

教科書 下107ページ

福（わすれない・とめる）

フク

使い方
福引《ふくび》きが当《あ》たる。
幸福《こうふく》な時間《じかん》がすぎる。
福《ふく》の神《かみ》においのりする。

福（しめすへん）　13画

字の形に注意

福

教科書 下107ページ

等（いちばん長く・はねる）

トウ
ひとしい

使い方
上等《じょうとう》なお肉《にく》を食《た》べる。
おかしを等分《とうぶん》する。
長《なが》さが等《ひと》しい。

等（たけかんむり）　12画

送りがな

○等しい
×等い

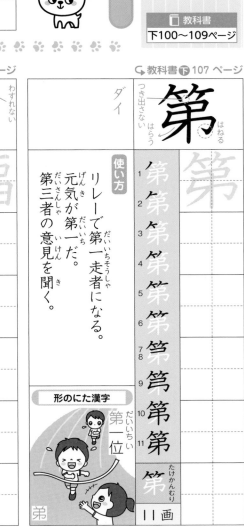

月　　日

教科書下107ページ

定

立てる　はらう

テイ
ジョウ
さだめる
さだまる
◆さだか

使い方
本日《ほんじつ》は定休日《ていきゅうび》です。
定規《じょうぎ》を使《つか》って線《せん》を引《ひ》く。
時間《じかん》を定《さだ》める。

定 うかんむり　8画

送りがな

教科書下107ページ

宮

立てる　上より大きく

キュウ
みや
◆グウ
◆ク

使い方
宮《きゅう》でんをおとずれる。
エジプトの王宮《おうきゅう》を調《しら》べる。
お宮《みや》まいりに出《で》かける。

宮 うかんむり　10画

形のにた漢字

けいさつ官《かん》
お宮《みや》まいり

教科書下107ページ

宿

立てる　「百」にしない

シュク
やど
やどる
やどす

使い方
宿《しゅく》はくするホテルが決《き》まる。
宿《やど》で休《きゅう》けいする。
少《すこ》し雨宿《あまやど》りする。

宿 うかんむり　11画

いろいろな読み方

合宿《がっしゅく》の宿屋《やどや》で宿《しゅく》題《だい》をする。

教科書下108ページ

追

一画で書く　はらう

ツイ
おう

使い方
追加《ついか》の注文《ちゅうもん》をする。
兄《あに》の後《あと》を追《お》う。
前《まえ》の車《くるま》を追《お》いこす。

追 しんにょう　しんにゅう　9画

反対の意味の言葉

追《お》い風《かぜ》
向かい風

教科書下109ページ

庭

「廴」にしない　長く

テイ
にわ

使い方
校庭《こうてい》でかけっこをする。
先生《せんせい》が家庭《かてい》ほう問《もん》に来《く》る。
庭《にわ》の草《くさ》むしりを手伝《てつだ》う。

庭 まだれ　10画

字の形に注意

庭

読み方が新しい漢字

漢字	読み方	使い方	前に出た読み方
古	コ	古《こ》ふんをめぐる	古《ふる》い　古《ふる》す

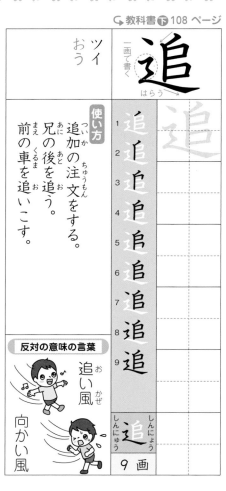

月　　日

ぴったり2

練習

道具のうつりかわりを説明《せつ》しよう
漢字を使おう9
くわしく表す言葉

教科書 下100〜109ページ
答え 11ページ

1 ――線の漢字の読みがなを書きましょう。

① ルールを定める。（　　）
② すなはまで転ぶ。（　　）
③ 幸福な思い出。（　　）
④ 二本のリボンは長さが等しい。（　　）
⑤ 昔、王宮のあった場所。（　　）
⑥ 走って追いかける。（　　）
⑦ 春の庭園を歩く。（　　）
⑧ 試《し》合前に合宿を行う。（　　）

2 □に漢字を書きましょう。

① 新しい□□《しゃこ》をたてる。
② 友だちが□□《てんこう》する。
③ 物語の□□□《だいいっしょう》を読む。
④ □□《ふくび》きで一等が当たる。
⑤ ケーキを□□□《さんとうぶん》する。
⑥ 天気が□□《あんてい》する。
⑦ 近所のお□《みや》にまいる。

⑧ 店先で□□《あまやど》りする。
⑨ 真理を□□《ついきゅう》する。
⑩ □《にわ》のそうじをする。
⑪ □□《こと》をめぐる。
⑫ □□《しゅくだい》を終わらせる。
⑬ 大切な品を□□《きんこ》に入れる。
⑭ □《ふく》わらいをして遊ぶ。

ぴったり2 練習

道具のうつりかわりを説明《せつ》しよう
漢字を使おう9
くわしく表す言葉

月　日

1 ――線の漢字の読みがなを書きましょう。

① 知《ち》しきを定着させる。（　）
② タイヤが回転する。（　）
③ 第三者に聞いてみる。（　）
④ みんなに祝《しゅく》福される。（　）
⑤ 平等におかしを配る。（　）
⑥ 宮中で育ったおひめ様。（　）
⑦ 国外に追放する。（　）
⑧ 海の近くの宿にとまる。（　）

2 □に漢字を書きましょう。

① 新しいれいぞう□《こ》がとどく。
② 大きな球を□《ころ》がす。
③ 安全□□《だいいち》で作業をする。
④ 母はよく□□《だいふく》もちを食べる。
⑤ リレーで□□《いっとう》になる。
⑥ 今日は□□□《ていきゅうび》だ。
⑦ 子どもを□《やど》す。

⑧ うさぎを小屋から□《お》い出す。
⑨ 全員が□□《こうてい》に集まる。
⑩ □□《こだい》の人のくらしを学ぶ。
⑪ まどからの□□《てんらく》をふせぐ。
⑫ □□□《さんかくじょう》規《ぎ》
⑬ □□《にわさき》で話す。
⑭ 力の大きさが□《ひと》しい。

教科書 下100～109ページ
答え 11ページ

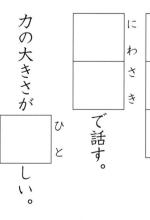

月　　日

ぴったり1 じゅんび

ゆうすげ村の小さな旅館《りょ》
漢字を使おう10
漢字の組み立てと意味

教科書 下110～129ページ

新しく学習する漢字

旅　息　階　重　畑　去　礼　待　秒　病　童　笛　波

教科書下112ページ

旅

リョ
たび

形に注意　はねる　とめる

使い方
家族《かぞく》で旅行《りょこう》に出《で》かける。
旅館《りょかん》にとう着《ちゃく》する。
一人《ひとり》で旅《たび》に出《で》る。

字の形に注意
旅

形をしっかりおぼえよう！

方（かたへん・ほうへん）
10画

教科書下112ページ

息

ソク
いき

「自」にしない　はねる

使い方
休息《きゅうそく》をとる。
海《うみ》に生息《せいそく》する生《い》き物《もの》。
ため息《いき》が出《で》る。

言葉の意味
息《いき》が合《あ》う
気持ちが一つになること。

心（こころ）
10画

教科書下113ページ

階

カイ

三画で書く　はねる　「日」にしない

使い方
家《いえ》の二階《にかい》に上《あ》がる。
階《かい》だんを下《お》りる。
階上《かいじょう》がうるさい。

字の形に注意
階

「日」と書かないでね！

阝（こざとへん）
12画

教科書下113ページ

重

ジュウ
チョウ
え
おもい
かさねる
かさなる

長く

使い方
体重《たいじゅう》を量《はか》る。
重《おも》い荷物《にもつ》を運《はこ》ぶ。
お皿《さら》を重《かさ》ねる。

部首《しゅ》
重
「重」の部首は、「里」だよ。

しっかりおぼえよう。

里（さと）
9画

教科書下115ページ

畑

はた
はたけ

向きに注意　とめる

使い方
田畑《たはた》をたがやす。
畑作《はたさく》をいとなむ。
花畑《はなばたけ》で写真《しゃしん》をとる。

字の形に注意

1・2画目の向きに気をつけよう！

畑

田（た）
9画

教科書下115ページ

去

長く　とめる

キョ
コ
さる

使い方

去年《きょねん》のクラスで集《あつ》まる。
過去《かこ》にあった出来事《できごと》。
楽《たの》しかった夏《なつ》が去《さ》る。

去　む

5画

反対の意味の言葉

来年

去年《きょねん》

教科書下116ページ

礼

ななめにうつ　上にはねる

レイ
◆ライ

使い方

助《たす》けてもらったお礼《れい》をする。
礼《れい》ぎ正《ただ》しく過《す》ごす。
朝礼《ちょうれい》で話《はなし》をする。

ネ　しめすへん

5画

部首《しゅ》

「礼」の部首は、「しめすへん」だよ。

礼

教科書下120ページ

待

わすれない　はねる

タイ
まつ

使い方

期待《きたい》にむねをふくらます。
駅前《えきまえ》で人《ひと》を待《ま》つ。
友《とも》だちと待《ま》ち合《あ》わせをする。

彳　ぎょうにんべん

9画

形のにた漢字

友人を待《ま》つ。
荷物を持つ。

教科書下127ページ

秒

はねる　とめる　はらう

ビョウ

使い方

一秒《いちびょう》の差《さ》で勝《か》つ。
一分《いっぷん》は六十秒《ろくじゅうびょう》です。
秒数《びょうすう》を数《かぞ》える。

禾　のぎへん

9画

なかまの漢字

時《じ》・分《ふん》・秒《びょう》は、時《とき》を表す。

教科書下127ページ

病

わすれない　立てる　とめる　はねる

ビョウ
やまい
◆ヘイ
◆やむ

使い方

病院《びょういん》へ見《み》まいに行《い》く。
弟《おとうと》の看病《かんびょう》をする。
病《やまい》にかかる。

疒　やまいだれ

10画

字の形に注意

病

教科書下127ページ

童

立てる　長く

ドウ
◆わらべ

使い方

童話《どうわ》を読《よ》む。
童《どう》ようを妹《いもうと》に歌《うた》う。
児童会活動《じどうかいかつどう》に参加《さんか》する。

立　たつ

12画

部首《しゅ》

「童」の部首《しゅ》は、「たつ」だよ。

童

月　日

教科書下128ページ

笛

形に注意　つき出す

テキ
ふえ

使い方

船《ふね》が汽笛《きてき》を鳴《な》らす。
口笛《くちぶえ》をふきながら歩《ある》く。
たて笛《ぶえ》の練習《れんしゅう》をする。

1 2 3 4 5 6 7 8 9 10 11

笛　たけかんむり

11画

形のにた漢字

笛《ふえ》
自由

教科書下129ページ

波

つき出す　はらう

ハ
なみ

使い方

北《きた》から寒波《かんぱ》がおしよせる。
電波《でんぱ》のとどかない場所《ばしょ》。
大《おお》きな波《なみ》に流《なが》される。

1 2 3 4 5 6 7 8

波　さんずい

8画

言葉の意味

波風《なみかぜ》が立《た》つ
もめごとがおこること。

読み方が新しい漢字

漢字	読み方	使い方	前に出た読み方
少	ショウ	少《しょう》りょう	少《すく》ない　少《すこ》し
多	タ	多《た》様《よう》せい	多《おお》い
土	ト	土《と》地《ち》かん	土《ど》よう日《び》　土《つち》
力	リキ	力学《りきがく》	全力《ぜんりょく》　力《ちから》づよい
口	ク	口《く》調《ちょう》	口《くち》
首	シュ	日本《にほん》の首都《しゅと》	首《くび》

月　日

ぴったり2 練習

ゆうすげ村の小さな旅《りょ》館
漢字を使おう10
漢字の組み立てと意味

教科書 下110～129ページ
答え 11ページ

1 ——線の漢字の読みがなを書きましょう。

① 外国へ旅行する。（　　）
② お皿を重ねる。（　　）
③ 畑作がさかんな地いき。（　　）
④ 心からお礼を言う。（　　）
⑤ 病気がなおる。（　　）
⑥ 飛行機《ひこうき》が消息をたった。（　　）
⑦ ここは三階です。（　　）
⑧ 重いリュックをせおう。（　　）

2 □に漢字を書きましょう。

① □□《たびびと》と出会う。
② 少し□《いき》を止める。
③ 教室は□□《にかい》にある。
④ □□《じゅうだい》な発表がある。
⑤ □《はたけ》にたねをまく。
⑥ □□《きょねん》の三月の出来事。
⑦ □□《ちょうれい》であいさつをする。

⑧ 駅で父を□《ま》つ。
⑨ □□□《すうびょうかん》、動かない。
⑩ □《やまい》にうち勝つ。
⑪ □□《きてき》を鳴らす。
⑫ □□《かんぱ》がおしよせる。
⑬ 日本の□□《しゅと》は東京だ。
⑭ □□《しょうすう》の意見を大事にする。

月　日

ぴったり2 練習

ゆうすげ村の小さな旅館《りょかん》
漢字を使おう10
漢字の組み立てと意味

教科書 下110～129ページ
答え 11ページ

1 ――線の漢字の読みがなを書きましょう。

① 多数の人がえらんだ。（　）
② 過《か》去に起きたことを調べる。（　）
③ 土地を切り開く。（　）
④ 自力でなしとげる。（　）
⑤ きびしい口調で話す。（　）
⑥ 笛を鳴らす。（　）
⑦ 二《ふた》重まぶた（　）
⑧ 波風を立てない。（　）

2 □に漢字を書きましょう。

① 外国に□《たび》に出る。
② 冬は□《いき》が白くなる。
③ だん□《かい》をふむ。
④ 相手の意見をそん□《ちょう》する。
⑤ □□□《はたけしごと》をする。
⑥ いそいでその場を□《さ》る。
⑦ 十分に□《れい》をつくす。

⑧ ますます□《おも》みがます。
⑨ 医者から□□《びょうめい》を聞く。
⑩ □□《どうわ》を読み聞かせる。
⑪ □□《びょうそく》十メートル。
⑫ 一文字だけ□□《しょうきょ》する。
⑬ 結果《けっか》を□□《きたい》してまつ。
⑭ 来月の予定が□《かさ》なる。

月　　日

春のチャレンジテスト①

時間30分　／100　ごうかく80点

教科書 下70～下129ページ
答え 12ページ

1 ――線の漢字の読みがなを書きましょう。

一つ2点(30点)

① 竹林（　　）のおくは、とても 暗（　　）い。

② 波（　　）うちぎわで 妹と 追（　　）いかけっこをする。

③ 校庭（　　）でいきおいよく 転（　　）んでけがをした。

④ 童話（　　）の読み聞かせ会を 去年（　　）から始めた。

⑤ やさしい 口調（　　）で話す すもうの 力（　　）し。

⑥ 少年（　　）は体の調子が 悪（　　）いようだ。

⑦ 幸（　　）せをいのりに、お 宮（　　）へ行く。

⑧ 人気のある 八百屋（　　）さん。

2 次の字は、同じ漢字でもそれぞれちがう読み方をします。読みがなを書きましょう。

一つ1点(8点)

① 重（　　）い　重（　　）なる　重（　　）点

② 予定（　　）　定（　　）め　定（　　）規《ぎ》

③ 波（　　）音　電波（　　）

3 （　）の意味になるよう、□に漢字を書きましょう。

一つ2点(8点)

① 水を□《う》ったよう（多数の人が、しずまりかえっている状態《じょうたい》。）

② 一世一□《だい》（一生のうち、二度とないような重大なこと。）

③ 火に油を□《そそ》ぐ（さわぎをより大きくしてしまうこと。）

④ さじを□《な》げる（見こみがなく、あきらめること。）

月　　日

4 □に漢字を書きましょう。

一つ2点（36点）

① □《きし》辺《べ》で□□《きゅうそく》する。

② □□《ひめい》を上げる。

③ □□《ちゅうこ》の□□《しょうひん》。

④ □□《しょうわ》生まれ

⑤ □《むかし》のれいぞう□《こ》。

⑥ □□□《だいいっかい》目大会。

⑦ ビルの□□《にかい》で□《ま》つ。

⑧ □□《いっとう》賞《しょう》

⑨ □□《りょこう》で□《やど》にとまる。

⑩ □□《わるぐち》を□□《ちゅうい》する。

⑪ □□《しんぶん》の切りぬきを□□《てちょう》にはる。

5 次の言葉を国語辞典《じてん》で調べたとき、先に出てくるのはどちらですか。記号で答えましょう。

一つ2点（6点）

① ア 曲線　イ 研究　〔　　〕

② ア 多分　イ 苦しい　〔　　〕

③ ア 細い　イ 細かい　〔　　〕

6 次の文から、まちがっている漢字をぬき出して、正しい漢字を書きましょう。

上は一つ1点、下は一つ2点（12点）

① ラジオの方送《ほうそう》が始《はじ》まる。　× □　○ □

② ヨットで太平羊《たいへいよう》を横《おう》だんする。　× □　○ □

③ 草由《くさぶえ》をふく練習《れんしゅう》をする。　× □　○ □

④ 黒板《こくばん》に柱目《ちゅうもく》する。　× □　○ □

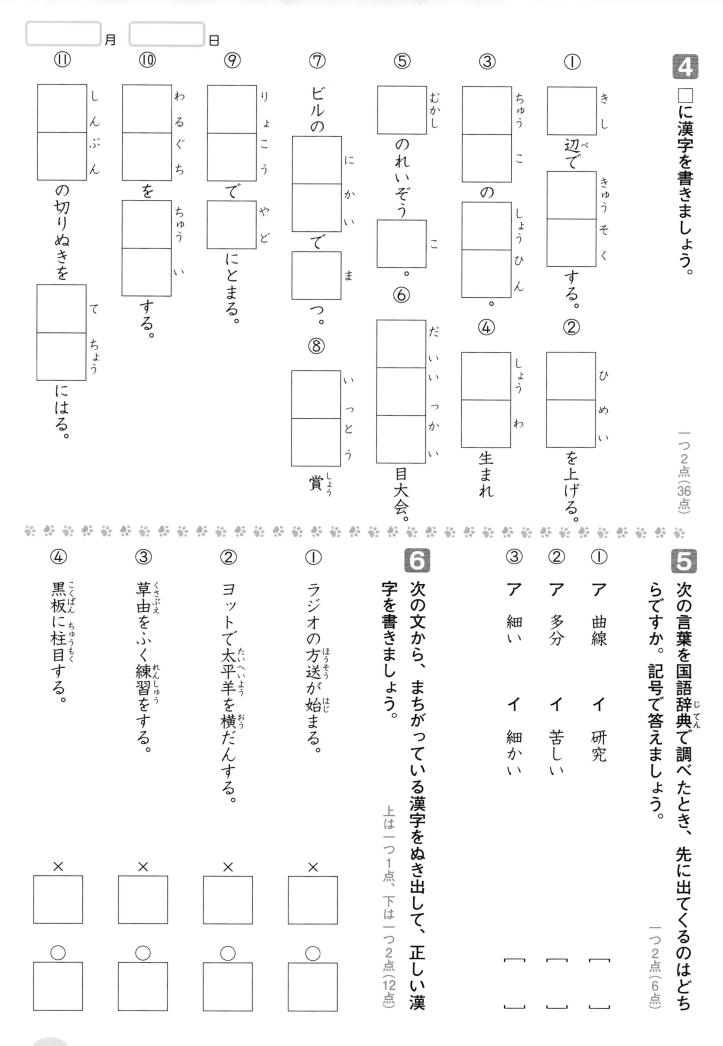

春のチャレンジテスト②

月　日

時間30分
／100
ごうかく80点

教科書 下70〜下129ページ
答え 12ページ

1 ――線の漢字の読みがなを書きましょう。

一つ2点(36点)

① 王宮（　）でじょうずに笛（　）をふく。

② 去年（　）の春から畑仕事（　）にはげんでいる。

③ 運が悪（　）く重（　）い病気（　）にかかる。

④ 文庫（　）本の発売を待（　）っている。

⑤ その土地（　）のニュースがのった新聞（　）。

⑥ 商店（　）街《がい》の福引（　）きで一等（　）を引く。

⑦ 五十メートルを八秒（　）で走り息（　）が切れる。

⑧ 自転車（　）に乗るときのルールを定（　）める。

2 □に漢字を入れて、矢印《じるし》のとおりに読むと、正しいじゅく語や言葉になります。当てはまる漢字を、考えて書きましょう。

一つ4点(16点)

① 家↓　校→□→園　↓木

② 明↓　算←□→記　↓黒

③ 二↓　体→□→点　↓荷

④ 追↓　水←□→送　↓か後

月　日

3 □に漢字を書きましょう。

一つ2点(28点)

① □□《しゅくだい》の内ようを□□《ていちょう》に書く。

② □□《びょうどう》になるように□□《ちゅうい》する。

③ □□《たよう》性《せい》を□□《だいいち》に考える。

④ □□《かいがん》に□《なみ》がよせる。

⑤ □□《しょうわ》三十年にできた□□《びょういん》。

⑥ まっ□《くら》になり、□□《ひめい》を上げる。

⑦ ていねいな□□《くちょう》でお□《れい》を言う。

4 次の漢字の部首名《しゅ》を、後からえらんで記号で答えましょう。(同じ記号は一回しか使えません)

一つ1点(10点)

① 悪(　) ② 庫(　) ③ 追(　)

④ 波(　) ⑤ 昭(　) ⑥ 等(　)

⑦ 待(　) ⑧ 階(　) ⑨ 宿(　)

⑩ 転(　)

ア くるまへん　イ ころもへん　ウ しめすへん

エ まだれ　オ ぎょうにんべん　カ こざとへん

キ にすい　ク さんずい　ケ ひへん

コ たけかんむり　サ しんにょう　シ うかんむり

ス こころ

5 次の言葉は、とくべつな読み方をします。読みがなを書きましょう。

一つ2点(10点)

① 真面目(　) ② 真っ赤(　) ③ 八百屋(　)

④ 真っ青(　) ⑤ 部屋(　)

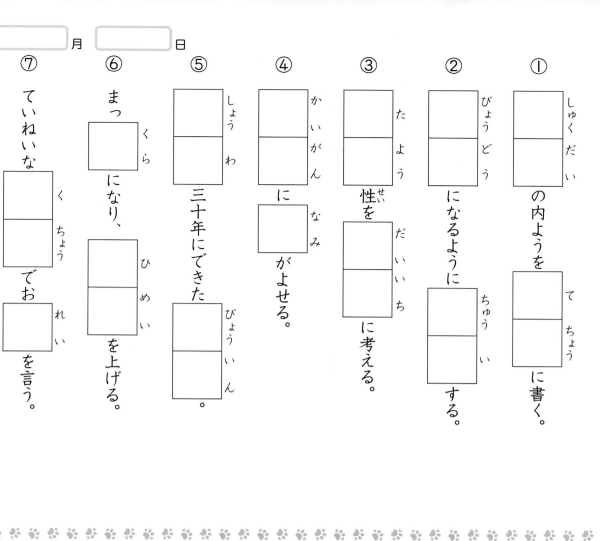

読み方さくいん

❖三年生で習う漢字の読みを全部のせています。
❖かたかなは音読み、ひらがなは訓《くん》読みです。
❖＊印《しるし》の読み方は、小学校では習わない読み方です。
❖数字は、この本で出てくるページです。

あ

あい　相　30
＊あきなう　商　78
アク　悪　77
あく　開　22
あける　開　22
あじ　味　13
あじわう　味　13
あそぶ　遊　22
あたたか　温　54
あたたかい　温　54
あたたまる　温　54
あたためる　温　54
あつい　暑　35
あつまる　集　34
あつめる　集　34
あぶら　油　64
あらわす　表　13
あらわれる　表　13
ある　有　21
アン　安　30
アン　暗　76

い

イ　意　13
イ　委　27
イ　医　62
いき　息　85
イク　育　18
いそぐ　急　31
いた　板　27
いのち　命　36
イン　員　28
イン　飲　59
イン　院　49

う

＊ウ　有　21
うえる　植　56
うかる　受　49
うける　受　49
うごかす　動　18
うごく　動　18
うつ　打　46
うつくしい　美　54
うつす　写　36
うつる　写　36
うわる　植　56
ウン　運　50

え

え　重　85
エイ　泳　21
＊エキ　役　43
エキ　駅　67

お

＊オ　悪　77
＊オ　和　60
オウ　横　8
オウ　央　8
おう　負　43
おう　追　82
おえる　終　24
おきる　起　6
オク　屋　45
おくる　送　49
おこす　起　6
おこる　起　6
おちる　落　42
おとす　落　42
＊おも　面　6
おも　主　46
おもい　重　85
＊おもて　面　6
おもて　表　13
およぐ　泳　21
おわる　終　24
オン　温　54

か

カ　化　48
＊カ　荷　49
カイ　開　22
カイ　界　67
カイ　階　85
かえす　返　21
かえる　返　21
かえる　代　57
かかり　係　24
かかる　係　24
＊カク　客　48
かさなる　重　85
かさねる　重　85
かつ　勝　43
かなしい　悲　78
かなしむ　悲　78
かみ　神　62
かるい　軽　53
＊かろやか　軽　53
かわ　皮　49
かわる　代　57
カン　感　7
カン　館　12
カン　漢　13
カン　寒　30
＊かん　神　62
ガン　岸　77

き

キ　起　6
キ　期　69
きえる　消　49
きし　岸　77
きせる　着　48
きまる　決　18
きみ　君　30
きめる　決　18
キャク　客　48
キュウ　球　45
キュウ　急　31
キュウ　級　69
キュウ　宮　82
キュウ　究　56
キョ　去　86
キョウ　橋　31
ギョウ　業　35
キョク　局　15
キョク　曲　27
きる　着　48
＊きわめる　究　56
ギン　銀　60

く

ク　区　43
ク　苦　25
＊ク　庫　81
＊ク　宮　82
グ　具　53
＊グウ　宮　82
くすり　薬　63
くばる　配　15
くらい　暗　76
くるしい　苦　25
くるしむ　苦　25
くるしめる　苦　25
クン　君　30

け

＊ケ　化　48
ケイ　係　24
ケイ　軽　53
けす　消　49
ケツ　決　18
ケツ　血　33
ケン　県　45
ケン　研　56

こ

コ　去　86
コ　庫　81
コ　湖　64
＊ゴ　期　69
コウ　向　6
コウ　港　67
コウ　幸　77
ゴウ　号　12
＊ゴウ　業　35
＊こう　神　62
こおり　氷　21
こと　事　12
ころがす　転　81
ころがる　転　81
ころげる　転　81
ころぶ　転　81
コン　根　45

さ

サイ　祭　62
さいわい　幸　77
さか　酒　64

さか 坂 63
さけ 酒 64
さす 指 56
*さだか 定 82
さだまる 定 82
さだめる 定 82
*さち 幸 77
さま 様 7
さむい 寒 30
さら 皿 27
さる 去 86

し

シ 詩 34
シ 使 13
*シ 次 35
シ 指 56
シ 仕 7
シ 死 30
シ 歯 62
シ 始 24
シ 事 12
ジ 次 35
ジ 持 19
*ジ 仕 7
じ 路 50
しあわせ 幸 77
シキ 式 69
ジツ 実 35
しな 品 27
しぬ 死 30
しま 島 28
シャ 写 36
シャ 者 19
*シャク 昔 53
*ジャク 着 48
シュ 酒 64
シュ 主 46
シュ 守 18
シュ 取 15
ジュ 受 49
シュウ 習 8
*シュウ 拾 64
シュウ 終 24
シュウ 集 34
シュウ 州 8
ジュウ 住 15
*ジュウ 拾 64
ジュウ 重 85
シュク 宿 82
ショ 所 14
ショ 暑 35
ジョ 助 42
ショウ 商 78
ショウ 章 25
*ショウ 相 30
ショウ 消 49
ショウ 昭 78
ショウ 勝 43
ジョウ 定 82
ジョウ 乗 59
ショク 植 56
しらべる 調 14
*しろ 代 57
シン 深 57
*シン 申 33
シン 身 18
シン 真 48
シン 進 43
シン 神 62
ジン 神 62

す

*ス 主 46
ス 守 18
*す 州 8
*ズ 事 12
ズ 豆 7
*すけ 助 42
すすむ 進 43
すすめる 進 43
すべて 全 24
すまう 住 15
すみ 炭 59
*すみやか 速 6
すむ 住 15

せ

セ 世 24
セイ 整 54
セイ 世 24
*セキ 昔 53
ゼン 全 24

そ

*ソ 想 33
ソウ 相 30
ソウ 送 49
ソウ 想 33
ソク 息 85
ソク 速 6
ゾク 族 25
そそぐ 注 76
そだつ 育 18
そだてる 育 18
そらす 反 70
そる 反 70

た

タ 他 63
ダ 打 46
タイ 対 63
タイ 待 86
タイ 代 57
ダイ 題 19
ダイ 第 81
ダイ 代 57
たいら 平 59
*タク 度 54
たすかる 助 42
たすける 助 42
たび 旅 85
*たび 度 54
たま 球 45
タン 短 54
タン 炭 59
*タン 反 70
ダン 談 70

ち

ち 血 33
チャク 着 48
チュウ 柱 14
チュウ 注 76
チョウ 調 14
チョウ 重 85
チョウ 丁 45
チョウ 帳 78

つ

ツ 都 21
*ツイ 対 63
ツイ 追 82
つかう 使 13
つかえる 仕 7
つぎ 次 35
つく 着 48
つぐ 次 35
つける 着 48
*つどう 集 34
*つら 面 6

て

テイ 定 82
テイ 庭 82
*テイ 丁 45
テキ 笛 87
テツ 鉄 48
テン 転 81

と

ト 登 31
ト 都 21
*ト 度 54
ド 度 54
とい 問 19
トウ 登 31
トウ 豆 7
トウ 島 28
トウ 投 45
トウ 等 81
トウ 湯 63
とう 問 19
ドウ 動 18
ドウ 童 86
*とぐ 研 56
ところ 所 14
*ととのう 調 14
ととのう 整 54
*ととのえる 調 14
ととのえる 整 54
とる 取 15
とん 問 19

な

ながす 流 59
ながれる 流 59
なげる 投 45
*なごむ 和 60
*なごやか 和 60
なみ 波 87
ならう 習 8

に

に 荷 49
にがい 苦 25

読み	漢字	ページ
にがる	苦	25
にわ	庭	82
ぬ		
ぬし	主	46
ね		
ね	根	45
ねる	練	8
の		
ノウ	農	35
のせる	乗	59
のぼる	登	31
のむ	飲	59
のる	乗	59
は		
ハ	波	87
は	葉	6
は	歯	62
ハイ	配	15
バイ	倍	8
ばかす	化	48
はぐくむ	育	18
ばける	化	48
はこ	箱	63
はこぶ	運	50
はし	橋	31
はじまる	始	24
はじめる	始	24
はしら	柱	14
はた	畑	85
はたけ	畑	85
ハツ	発	28
はな	鼻	62
はなす	放	77
はなつ	放	77
はなれる	放	77
はやい	速	6
はやまる	速	6
はやめる	速	6
*ハン	坂	63
ハン	板	27
ハン	反	70
バン	板	27
ひ		
*ひ	氷	21
ヒ	悲	78
ヒ	皮	49
*ビ	鼻	62
ビ	美	54
ヒツ	筆	19
ひつじ	羊	67
ひとしい	等	81
ヒョウ	表	13
ヒョウ	氷	21
ビョウ	平	59
ビョウ	秒	86
ビョウ	病	86
ひら	平	59
ひらく	開	22
ひらける	開	22
ひろう	拾	64
ヒン	品	27
ふ		
フ	負	43
ブ	部	19
ふえ	笛	87
ふかい	深	57
ふかまる	深	57
ふかめる	深	57
フク	服	53
フク	福	81
ブツ	物	7
ふで	筆	19
へ		
ヘイ	平	59
*ヘイ	病	86
ヘン	返	21
ベン	勉	69
ほ		
ホウ	放	77
ほうる	放	77
*ホツ	発	28
ほか	他	63
*ホン	反	70
ま		
ま	真	48
まかす	負	43
まがる	曲	27
まける	負	43
まげる	曲	27
*まさる	勝	43
まつ	待	86
まったく	全	24
まつり	祭	62
まつる	祭	62
まめ	豆	7
まもる	守	18
み		
ミ	味	13
み	実	35
み	身	18
みじかい	短	54
みずうみ	湖	64
みどり	緑	7
みなと	港	67
みのる	実	35
みや	宮	82
みやこ	都	21
*ミョウ	命	36
む		
むかう	向	6
むかし	昔	53
むく	向	6
むける	向	6
むこう	向	6
め		
メイ	命	36
メン	面	6
も		
もうす	申	33
モツ	物	7
もつ	持	19
もの	物	7
もの	者	19
*もり	守	18
モン	問	19
や		
や	屋	45
やかた	館	12
ヤク	役	43
ヤク	薬	63
やすい	安	30
やど	宿	82
やどす	宿	82
やどる	宿	82
やまい	病	86
*やむ	病	86
*やわらぐ	和	60
*やわらげる	和	60
ゆ		
ユ	由	33
*ユ	遊	22
ユ	油	64
ゆ	湯	63
*ユイ	由	33
ユウ	由	33
ユウ	有	21
ユウ	遊	22
ゆだねる	委	27
ゆび	指	56
よ		
ヨ	予	70
よ	世	24
よ	代	57
ヨウ	葉	6
ヨウ	洋	64
ヨウ	様	7
ヨウ	陽	50
ヨウ	羊	67
よこ	横	8
*よし	由	33
ら		
*ライ	礼	86
ラク	落	42
り		
リュウ	流	59
リョ	旅	85
リョウ	両	53
リョク	緑	7
る		
*ル	流	59
れ		
レイ	礼	86
レツ	列	69
レン	練	8
ろ		
ロ	路	50
*ロク	緑	7
わ		
ワ	和	60
*わざ	業	35
*わらべ	童	86
わるい	悪	77

3 次の漢字の画数を、数字で書きましょう。 一つ1点(6点)

① 医［　　画］　② 様［　　画］
③ 追［　　画］　④ 館［　　画］
⑤ 葉［　　画］　⑥ 庫［　　画］

4 次の意味をもつじゅく語を、□の漢字を組み合わせて作りましょう。 一つ2点(8点)

筆　氷　度　流　談　温

① 声ではなく、文字を書いて会話すること。
② 暑さや寒さ、つめたさやあたたかさのこと。
③ 寒い海のこおりがわれ、ながれたもの。

6 次の――線のひらがなを、漢字と送りがなに分けて書きましょう。 一つ1点(7点)

① さいわい、けが人はいない。［　　―　　］
② うつくしい花がさいた。［　　―　　］
③ 顔色にあらわれる。［　　―　　］
④ 冬は日がみじかい。［　　―　　］
⑤ まったくもって分からない。［　　―　　］
⑥ 地図で道をしらべる。［　　―　　］
⑦ しあいがはじまる。［　　―　　］

7 次の漢字は、とくべつな読み方をします。読みがなを書きましょう。 一つ1点(7点)

① 真っ赤（　　）　② 部屋（　　）　③ 真っ青（　　）

⑥ 急（　　）ブレーキにご注意（　　）ください。

⑦ この土地は、東京都（　　）がずっと所有（　　）している。

⑧ 湯上（　　）がりに、スポーツドリンクを飲（　　）む。

⑨ 学期（　　）のはじめには体重（　　）をはかる。

⑩ 区役所（　　）は、となり町の三丁目（　　）にある。

⑪ 君（　　）のおかげで、命拾（　　）いしたよ。

⑫ 一秒（　　）に三十八メートルとんだ打球（　　）。

（切り取り線）

⑥ □□でゆたかな□□の絵だ。

⑦ □□《たいとう》な立場で□□《たにん》と話す。

⑧ 人気の□《きょく》を□□《くちぶえ》で□□《れんしゅう》する。

⑨ □□《うんてん》をするので□□《いんしゅ》はしない。

⑩ □□《きゅうしゅう》地方に□□《きょくち》的《てき》な大雨がふる。

⑪ □□□《どうぐばこ》をきれいに□□《せいり》する。

⑫ □□《てつどう》が走っている□□《しゃしん》をとる。

↵うらにも問題があります。

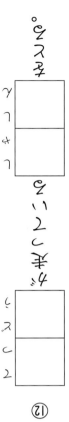

⑥ 勝者（　　）には、ハワイ旅行（　　）をプレゼントします。

⑦ この県（　）の人口《こう》は、わたしの住む県の二倍（　　）だ。

⑧ 新緑（　　）があざやかでとても美（　）しい。

⑨ 向（　）こうの岸（　）まで、がんばって泳（　）いでわたる。

⑩ 軽（　）い足取りで屋上（　　）にのぼった。

⑪ 羊（　）をそだてている農家（　　）。

⑫ 研究（　　）の記ろくをうっかり消去（　　）してしまった。

（切り取り線）

⑥ □□をこえて□ってはいけない。

⑦ □□《しゅご》のわかりにくい□□《ぶんしょう》。

⑧ 弟が□《お》とした本を□《ひろ》う。

⑨ あの□□《さかみち》を上ると、目と□《はな》の先だ。

⑩ □《えき》の□□《ちゅうおう》口で□《ま》っている。

⑪ 日本□□《れっとう》を、台風が□《よこ》切る。

⑫ 理科で□□《かせき》の□□《べんきょう》をしている。

➡うらにも問題があります。

3 次の□に漢字を入れて、矢印《じるし》のとおりに読むと、正しいじゅく語や言葉になります。当てはまる漢字を、考えて書きましょう。

一つ2点(8点)

① 階→□　学→□　進→□　□→友

② 水→□　□→等　□→和　□→泳ぎ

③ 和→□　□→画　□→風　□→食

④ 植→□　荷→□　□→体　□→音

（切り取り線）

6 次の□には、読み方が同じでちがう漢字が入ります。意味を考えて、当てはまる漢字を書きましょう。

一つ1点(13点)

① ア 新しい□《ふく》を買う。　イ □《ふく》は内、おには外。

② ア ゆうびん□《きょく》　イ おだやかな□《きょく》調の音楽。

③ ア □《かん》字を書く。　イ □《かん》じのいい人。

④ ア 球□《そく》をはかる。　イ 休□《そく》をとる。

⑤ ア おもしろい発□《そう》。　イ 荷物の発□《そう》。

⑥ ア 気□《み》が悪い。　イ たまごの黄□《み》。　ウ りんごの□《み》。

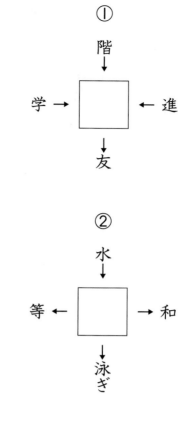

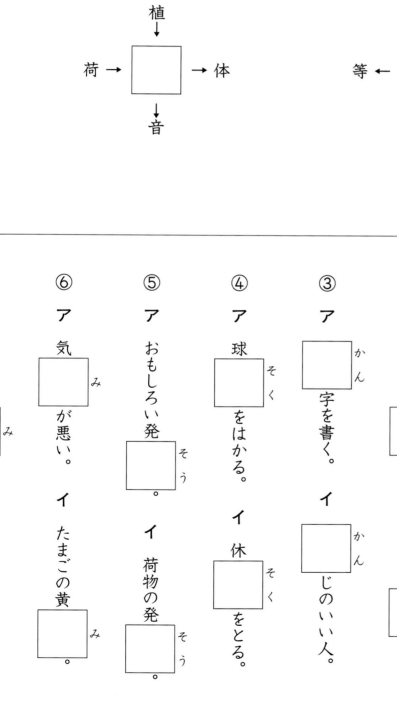

4 次の漢字の部首名を、後からえらんで記号で答えましょう。（同じ記号は一回しか使いません）

一つ2点（10点）

① 詩〔　　〕　② 悪〔　　〕　③ 深〔　　〕

④ 進〔　　〕　⑤ 題〔　　〕

ア にんべん　イ たけかんむり　ウ にすい

エ さんずい　オ しんにょう　カ おおがい

キ こころ　ク ごんべん

5 次の「つくり」は、あとに出てくる三つの「へん」の、どれを組み合わせれば漢字を作ることができますか。記号で答えましょう。

一つ1点（9点）

① 士〔　　〕　② 羊〔　　〕　③ 巷〔　　〕

④ 艮〔　　〕　⑤ 喬〔　　〕　⑥ 主〔　　〕

⑦ 兼〔　　〕　⑧ 胡〔　　〕　⑨ 皮〔　　〕

ア さんずい　イ にんべん　ウ きへん

（切り取り線）

7 次の漢字には、訓《くん》読みが二つあります。それぞれの読みがなを書きましょう。

一つ1点（10点）

① 消
- ア 明かりが消える。〔　　〕
- イ ろうそくの火を消す。〔　　〕

② 苦
- ア 苦しいときこそがんばろう。〔　　〕
- イ 苦い顔をしている。〔　　〕

③ 開
- ア ドアを開ける。〔　　〕
- イ 花が開く。〔　　〕

④ 着
- ア 新しいスーツを着る。〔　　〕
- イ 明日の朝には着くでしょう。〔　　〕

⑤ 負
- ア じゃんけんに負ける。〔　　〕
- イ 大きなきずを負う。〔　　〕

3年 漢字のまとめ

学力しんだんテスト①

名前

月　日

時間 30分

ごうかく80点

／100

答え 13ページ

（切り取り線）

1 ――線の漢字の読みがなを書きましょう。　一つ1点（25点）

① 安全第一（　）で、ていねいに作業（　）をする。

② 大きな庭園（　）（　）のある家に住（　）みたい。

③ あまりの寒（　）さに、いつもより早く起（　）きた。

④ このあたり一面（　）は、冬になると銀世界（　）となる。

⑤ 大豆（　）（　）をたくさん使（　）った食事をつくる。

2 □に漢字を書きましょう。　一つ1点（25点）

① □《いた》にくぎを□《う》ちつける。

② これは兄がとった□□《しゃしん》の、ほんの□□《いちぶ》です。

③ □□《しゅうごう》時間をきちんと□《まも》ろう。

④ この□《はし》は、ずいぶん□《むかし》からこわれている。

⑤ □□《こんど》のゲームの□□《あいて》は、強そうだ。

ふろく　とりはずしておつかいください。

漢字おさらいドリル

前学年でならったかん字

2年生でならった漢字をふく習しましょう！

もくじ　　この付録のページ

3年　　組

1 あ行のかん字 引・羽・雲・園・遠
か行のかん字① 何・科・夏・家・歌・画・回・会・海・絵・外・角・楽・活・間・丸・岩・顔

／100

1 ――線のかん字の読みがなを書こう。
一つ3点（24点）

① 知っている曲《きょく》を歌う。（　　）

② 遠足に出かける。（　　）

③ とくいな科目《もく》。（　　）

④ あさから外出《しゅつ》する。（　　）

⑤ 目を三角にする。（　　）（　　）

⑥ 人間のくらし。（　　）

⑦ 画家になる。（　　）

⑧ 家とへいの間。（　　）

2 □に合うかん字を書こう。
一つ4点（56点）

① はいいろの□（あまぐも）。

② □（いえ）ですごす。

3 つぎの――線を、かん字とおくりがなで書こう。
一つ2点（20点）

① ひき算をする。（　　）

② みんなでうたう。（　　）

③ たのしい一日。（　　）

④ まるいボール。（　　）

テストによくでる1位《い》

③ ぼくのすきな［　］《うた》。

④ 映《えい》［　］《が》を見る。

テストによくでる2位《い》

⑤ に［　　］《がおえ》をかく。

⑥ ようち［　］《えん》の子ども。

⑦ ［　　］《なんかい》もかぞえる。

⑧ ［　］《なつ》のはじめ。

⑨ 大きな［　］《うみ》。

⑩ ［　　］《おんがく》をきく。

テストによくでる3位《い》

⑪ ［　　］《いわやま》にのぼる。

⑫ とりの［　］《はね》。

⑬ しずかな［　　］《せいかつ》。

⑭ ［　］《かい》ぎに出る。

⑤ テレビをたのしむ。（　　）

⑥ つなをひく。（　　）

⑦ 目がまわる。（　　）

⑧ えきまではとおい。（　　）

⑨ ともだちにあう。（　　）

⑩ コマをまわす。（　　）

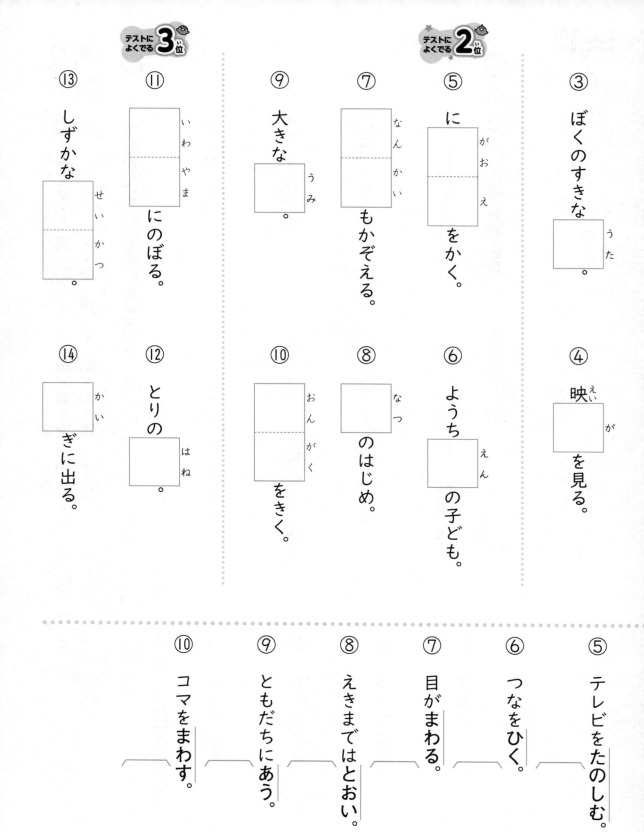

テストによくでる1位《い》

2 か行のかん字②

汽・記・帰・弓・牛・魚・京・強・教・近・兄・形・計・元
言・原・戸・古・午・後・語・工・公

／100

1 ——線のかん字の読みがなを書こう。

一つ3点（24点）

① 後をつける。（　　）
② 子牛が生まれる。（　　）
③ 父が上京する。（　　）
④ 好《す》きな教科は音楽だ。（　　）
⑤ 元気になる。（　　）
⑥ 黒字を計上する。（　　）
⑦ へやの戸をあける。（　　）
⑧ みんなに公開《かい》する。（　　）

2 □に合うかん字を書こう。

一つ4点（56点）

① □《きしゃ》にのる。
② □《ごご》のおやつ。

3 つぎの——線を、かん字とおくりがなで書こう。

一つ2点（20点）

① 家にかえす。（　　）
② 家にかえる。（　　）
③ 風がつよまる。（　　）
④ つよい人。（　　）

テストによくでる2位《い》

③ □《こ》□《ざかな》のフライ。

④ 力が□《つよ》い。

⑤ □《ご》□《がく》のべんきょう。

⑥ □《こう》事《じ》をする。

⑦ □《にっ》□《き》をかく。

⑧ □《あに》とあそびにいく。

⑨ □《げん》□《き》な男の子。

⑩ □《あと》をついてくる。

テストによくでる3位《い》

⑪ 長い□《ゆみ》をひく。

⑫ 気持《も》ちを□《い》う。

⑬ 丸い□《かたち》をかく。

⑭ □《はら》っぱをかけ回る。

⑤ うしろをあるく。

⑥ 字をおしえる。

⑦ きょりがちかい。

⑧ 何かいう。

⑨ ふるいやしき。

⑩ ちかくを通る。

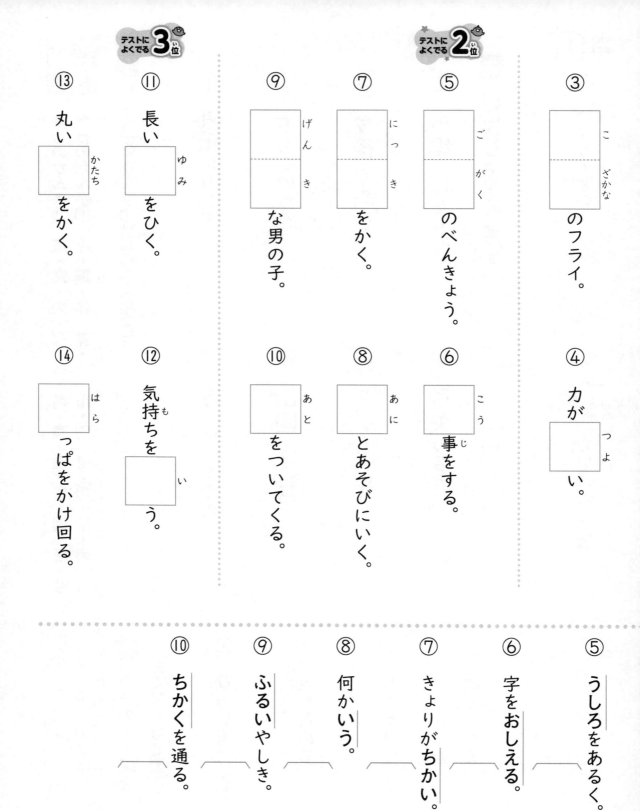

テストに よくでる 1位《い》

3 か行のかん字③ 広・交・光・考・行・高・黄・合・谷・国・黒・今 さ行のかん字① 才・細・作・算・止・市・矢・姉・思・紙・寺

／100

1 ──線のかん字の読みがなを書こう。 一つ3点(24点)

① 白《はく》紙にもどす。（　　）

② 今、帰ってきた。（　　）

③ 考えをのべる。（　　）

④ 山国でそだつ。（　　）

⑤ 今後のよてい。（　　）

⑥ うつくしい光。（　　）

⑦ 市場ではたらく。（　　）

⑧ 弓矢の名人。（　　）

2 □に合うかん字を書こう。 一つ4点(56点)

① アメリカとの□□《がいこう》。

② □《き》色いたんぽぽ。

3 つぎの──線を、かん字とおくりがなで書こう。 一つ2点(20点)

① ひろい家にすむ。（　　）

② 足をとめる。（　　）

③ しっかり話しあう。（　　）

④ 歌をつくる。（　　）

テストによくでる2位《い》

③ □□《たにがわ》をながれる水。

④ □□《こくご》の本。

⑤ サイズを□《あ》わせる。

⑥ □《ぎょう》列《れつ》にならぶ。

⑦ □□《てんさい》とよばれる。

⑧ □□《けいさん》がはやい。

⑨ □《あね》がピアノをひく。

⑩ □□《しろくろ》をつける。

テストによくでる3位《い》

⑪ □《こく》板《ばん》をけす。

⑫ 走り□《たか》とび

⑬ 古いお□《てら》。

⑭ うすい□《かみ》をきる。

⑤ くろい雲におおわれる。（　　）

⑥ よくかんがえる。（　　）

⑦ ほそいひもでむすぶ。（　　）

⑧ うれしくおもう。（　　）

⑨ たかい山にのぼる。（　　）

⑩ 気があう人。（　　）

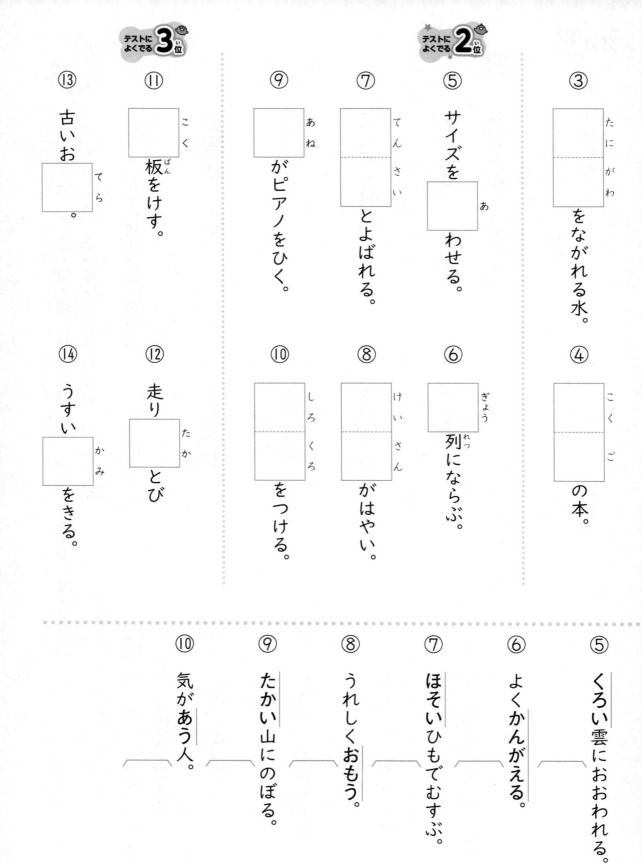

テストによくでる1位《い》

4 さ行のかん字②

自・時・室・社・弱・首・秋・週・春・書・少・場・色・食
心・新・親・図・数・西・声・星・晴

／100

1 ——線のかん字の読みがなを書こう。 一つ3点(24点)

① 自国語を話す。（　　）
② 力を弱める。（　　）
③ 春にさく花。（　　）
④ 多《た》数の声が上がる。（　　）
⑤ 食べ物《もの》を買う。（　　）
⑥ 雨の場合は休みだ。（　　）
⑦ 心にちかう。（　　）
⑧ 手首をつかむ。（　　）

2 □に合うかん字を書こう。 一つ4点(56点)

① 小さな町□□（こうば）。
② □□（なないろ）のにじ。

3 つぎの——線を、かん字とおくりがなで書こう。 一つ2点(20点)

① よわい音が出る。（　　）
② いきおいがよわまる。（　　）
③ すくない人数でかつ。（　　）
④ すこしだけもっている。（　　）

③ □《ず》でしめす。

④ □□《しんこう》をふかめる。

テストによくでる2位《い》

⑤ □□《じかん》を気にする。

⑥ □□《かいしゃ》ではたらく。

⑦ □□《こんしゅう》のできごと。

⑧ □□《としょ》いいんをする。

⑨ □《あき》めいてくる。

⑩ □《こころ》に強くねがう。

テストによくでる3位《い》

⑪ □□《にしぐち》から出る。

⑫ □《ほし》がかがやく。

⑬ □□《おおごえ》でさけぶ。

⑭ □□《きょうしつ》に入る。

⑤ ノートに字をかく。（　　）

⑥ ゆびをおってかぞえる。（　　）

⑦ べんとうをたべる。（　　）

⑧ あたらしい年。（　　）

⑨ よくはれた日。（　　）

⑩ 魚がえさにくいつく。（　　）

5 さ行のかん字③ 切・雪・船・線・前・組・走
た行のかん字① 多・太・体・台・地・池・知・茶・昼・長・鳥・朝・直・通・弟・店

／100

1 ――線のかん字の読みがなを書こう。 一つ3点(24点)

①（　　）組合に入る。（　　）

②（　　）地上に出る。（　　）

③（　　）朝のできごと。（　　）

④（　　）船から手をふる。

⑤（　　）体そうをする。（　　）

⑥（　　）兄弟はなかよしだ。（　　）

⑦（　　）店で本を買う。（　　）

⑧（　　）昼ねをする。

2 □に合うかん字を書こう。 一つ4点(56点)

① □□《たいせつ》なともだち。

② □《ゆき》がっせんをする。

---

3 つぎの――線を、かん字とおくりがなで書こう。 一つ2点(20点)

① リボンをきる。（　　）

② すわって足をくむ。（　　）

③ 一生けんめいはしる。（　　）

④ 人数がおおい。（　　）

③ □《いけ》にいる魚。

④ □《ひる》□《まえ》に帰る。

テストによくでる2位《い》

⑤ □《あさ》ごはんを食べる。

⑥ □《ご》□《ぜん》七時

⑦ □《おとうと》はかしこい。

⑧ 大きな□《からだ》。

⑨ □《せん》をかく。

⑩ □《ちゃ》□《いろ》のぼうし。

テストによくでる3位《い》

⑪ 大きな□《ふね》にのる。

⑫ 生き物の□《とお》り道。

⑬ めずらしい□《とり》。

⑭ □《だい》の上にのる。

⑤ ふといえだを切る。（ふとい）［　　］

⑥ あなに糸をとおす。（とおす）［　　］

⑦ ほんとうのことをしる。（しる）［　　］

⑧ ながい夏がおわる。（ながい）［　　］

⑨ まちがいをなおす。（なおす）［　　］

⑩ 車がたくさんとおる。（とおる）［　　］

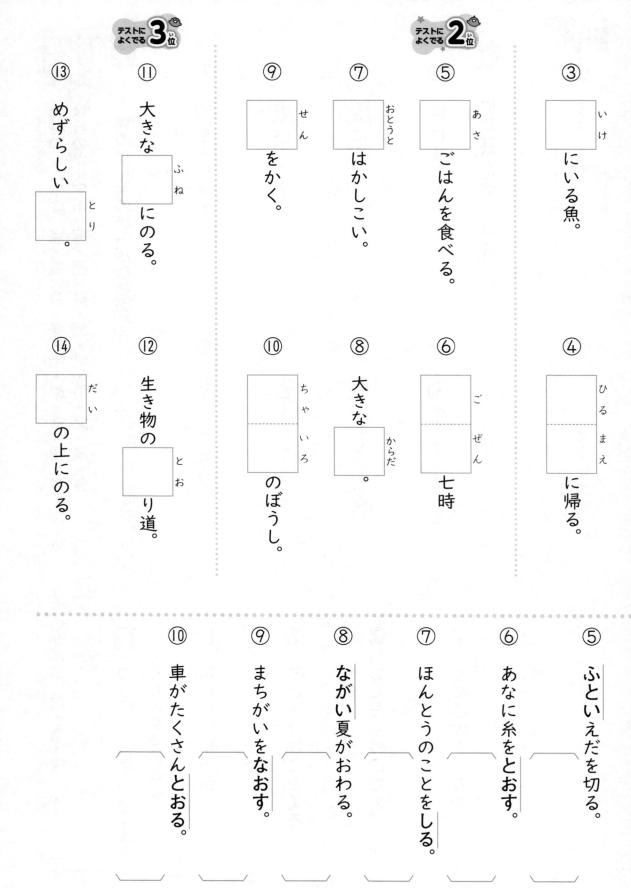

6 た行のかん字② 点・電・刀・冬・当・東・答・頭・道・同・読　な行のかん字 内・南・肉　は行のかん字① 馬・売・買・麦・半・番・父・風・分

／100

1 ――線のかん字の読みがなを書こう。 一つ3点(24点)

① 刀をふり回す。（　　）

② もうすぐ冬だ。（　　）

③ 東京でくらす。（　　）

④ 答えを見つける。（　　）

⑤ 風にあおられる。（　　）

⑥ 道をまちがえる。（　　）

⑦ 馬にまたがる。（　　）

⑧ 南からやってくる。（　　）

2 □に合うかん字を書こう。 一つ4点(56点)

① テストの□□《てんすう》。

② □《あたま》をかかえる。

3 つぎの――線を、かん字とおくりがなで書こう。 一つ2点(20点)

① ボールがあたる。（　　）

② といかけにこたえる。（　　）

③ もんだいのこたえ。（　　）

④ おなじ大きさの絵。（　　）

③ （　）《でんわ》をかける。

④ （　）《はんぶん》だけもらう。

テストによくでる2位

⑤ （　）《どくしょ》を楽しむ。

⑥ （　）《ほんとう》にむずかしい。

⑦ （　）《いちばん》におきる。

⑧ （　）《やまみち》をあるく。

⑨ あたたかい（　）《みなみかぜ》。

⑩ コップの（　）《うち》がわ。

テストによくでる3位

⑪ （　）《こむぎ》のさいばい。

⑫ （　）《にく》を食べる。

⑬ （　）《おな》じ色の服《ふく》。

⑭ （　）《ちちおや》は先生だ。

⑤ 思い切ってかう。

⑥ くりかえしよむ。

⑦ たまごをうる。

⑧ 二人でわける。

⑨ 答えがわかる。

⑩ まとにあてる。

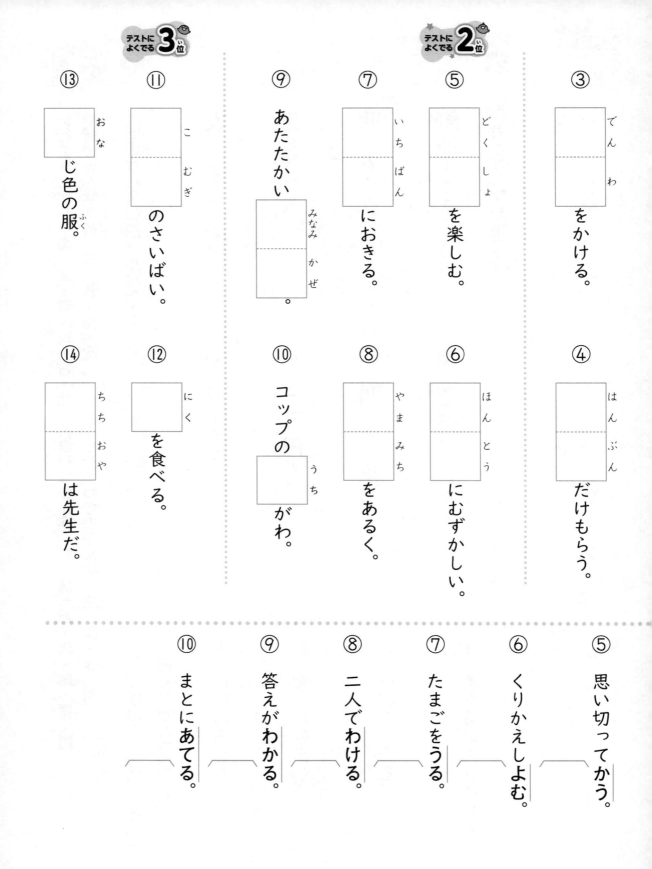

テストによくでる1位《い》

7 は行のかん字② 聞・米・歩・母・方・北 ま行のかん字 毎・妹・万・明・鳴・毛・門 や行のかん字 夜・野・友・用・曜 ら行・わ行のかん字 来・里・理・話

／100

1 ——線のかん字の読みがなを書こう。 一つ3点(24点)

① 友だちをつくる。（　　）

② お米をたく。（　　）

③ 北を目指《ざ》す。（　　）

④ 一万円さつ（　　）

⑤ 明け方に出かける。（　　）

⑥ 門の前で待《ま》つ。（　　）

⑦ 野原をさまよう。（　　）

⑧ 理科のべんきょう。（　　）

2 □に合うかん字を書こう。 一つ4点(56点)

① □《よる》になる。

② □《まい》□《あさ》のランニング。

3 つぎの——線を、かん字とおくりがなで書こう。 一つ2点(20点)

① いけんをきく。（　　）

② 校内をあるく。（　　）

③ 声がきこえる。（　　）

④ あかるい気分になる。（　　）

テストによくでる2位《い》

③ 名前を□《き》く。

④ □□《らいしゅう》外出《しゅつ》する。

⑤ 西の□□《ほうがく》。

⑥ □《はは》から教えられる。

⑦ □□《よなか》までおきている。

⑧ □□《しんゆう》とよべる人。

⑨ □□《ようび》をたしかめる。

⑩ □《よう》心《じん》ぶかい人。

テストによくでる3位《い》

⑪ うまれた□《さと》に帰る。

⑫ おもしろい□《はなし》。

⑬ □《いもうと》のめんどうを見る。

⑭ □□《けむし》の多い木。

---

⑤ 夜があける。

⑥ 子犬がなく。

⑦ かねが三回なる。

⑧ 遠くからくる。

⑨ ゆっくりとはなす。

⑩ あるきつかれる。

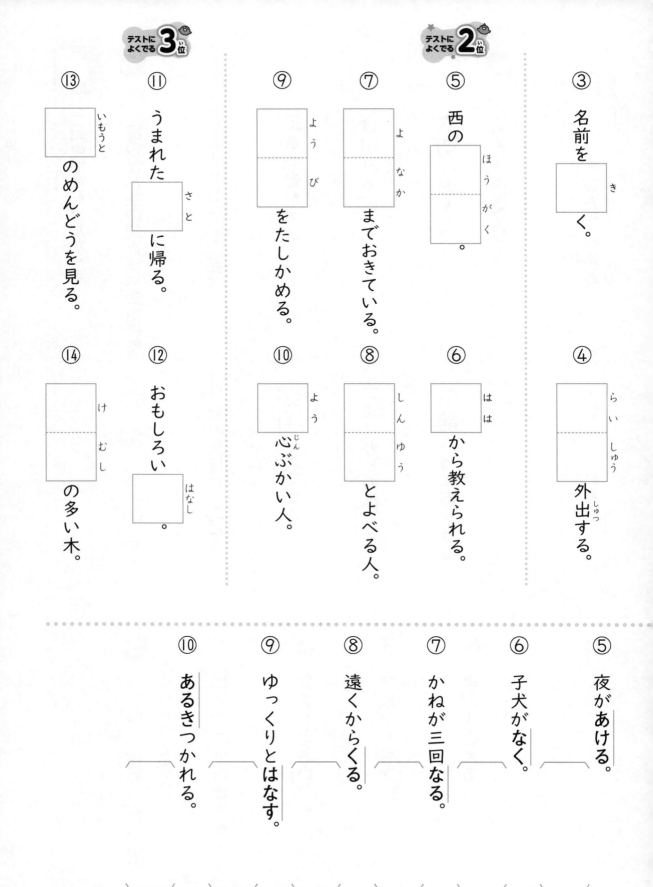

8 二年生でならったかん字

/100

1 ——線のかん字の読みがなを書こう。（一つ2点〔16点〕）

① どんよりとした雨雲。（　　）
② 自分の気持ちを言う。（　　）
③ 工事《じ》の音がする。（　　）
④ 生活をよくする。（　　）
⑤ 谷川のそばを歩く。（　　）
⑥ アメリカとの外交。（　　）
⑦ 大切な家ぞく。（　　）
⑧ 午前八時に出かける。（　　）

2 □に合うかん字を書こう。（一つ3点〔24点〕）

① □《みち》をひたすら進《すす》む。
② 本が□《う》れる。

4 つぎの——線を、かん字とおくりがなで書こう。（一つ4点〔40点〕）

① ピアノに合わせてうたう。（　　）
② 家までとおい。（　　）
③ 学校からちかい。（　　）
④ 声がきこえる。（　　）

③ 学校の正《せい》□《もん》。

④ □□《りか》を勉強する。

⑤ □□《さんかく》におる。

⑥ □《あと》からついていく。

⑦ □□《げんき》になる。

⑧ □□《ゆみや》をれんしゅうする。

3 つぎのかん字には同じぶぶんがあります。そのぶぶんを□に書こう。 一つ5点(20点)

① 週・近・遠 … □

② 汽・海・池 … □

③ 計・記・語 … □

④ 図・回・国 … □

⑤ 力がよわい。（　　）

⑥ あたらしい年になる。（　　）

⑦ 運動場《うんどうじょう》をはしる。（　　）

⑧ まちがいをなおす。（　　）

⑨ おなじ物《もの》を買う。（　　）

⑩ あかるい気分になる。（　　）

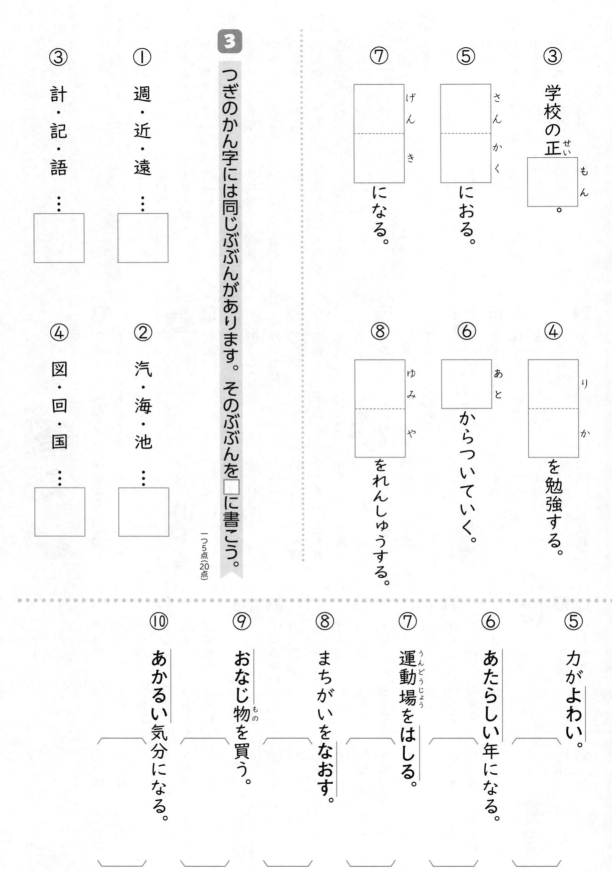

答え

1 （2・3ページ）

1
①うた ②えんそく
③か ④がい
⑤さんかく ⑥にんげん
⑦がか ⑧あいだ

2
①雨雲 ②家 ③歌 ④画
⑤顔絵 ⑥園 ⑦何回 ⑧夏
⑨海 ⑩音楽 ⑪岩山 ⑫羽
⑬生活 ⑭会

3
①引き ②歌う ③楽しい ④丸い
⑤楽しむ ⑥引く ⑦回る ⑧遠い
⑨会う ⑩回す

2 （4・5ページ）

1
①あと ②こうし
③じょうきょう ④きょうか
⑤げんき ⑥けいじょう
⑦と ⑧こう

2
①汽車 ②午後 ③小魚 ④強
⑤語学 ⑥工 ⑦日記 ⑧兄
⑨元気 ⑩後 ⑪弓 ⑫言
⑬形 ⑭原

3
①帰す ②帰る ③強まる ④強い
⑤後ろ ⑥教える ⑦近い ⑧言う
⑨古い ⑩近く

3 （6・7ページ）

1
①し ②いま
③かんが ④やまぐに
⑤こんご ⑥ひかり
⑦いちば ⑧ゆみや

2
①外交 ②黄 ③谷川 ④国語
⑤合 ⑥行 ⑦天才 ⑧計算
⑨姉 ⑩白黒 ⑪黒 ⑫高
⑬寺 ⑭紙

3
①広い ②止める ③合う ④作る
⑤黒い ⑥考える ⑦細い ⑧思う
⑨高い ⑩合う

4 （8・9ページ）

1
①じこくご ②よわ
③はる ④すう
⑤た ⑥ばあい
⑦こころ ⑧てくび

2
①工場 ②七色 ③図 ④親交
⑤時間 ⑥会社 ⑦今週 ⑧図書
⑨秋 ⑩心 ⑪西口 ⑫星
⑬大声 ⑭教室

3
①弱い ②弱まる ③少ない ④少し
⑤書く ⑥数える ⑦食べる ⑧新しい
⑨晴れた ⑩食い

5 （10・11ページ）

1
①くみあい ②ちじょう
③あさ ④ふね
⑤たい ⑥きょうだい
⑦みせ ⑧ひる

2
①大切 ②雪 ③池 ④昼前
⑤朝 ⑥午前 ⑦弟 ⑧体
⑨線 ⑩茶色 ⑪船 ⑫通
⑬鳥 ⑭台

3
①切る ②組む ③走る ④多い
⑤太い ⑥通す ⑦知る ⑧長い
⑨直す ⑩通る

6 （12・13ページ）

1
①かたな ②ふゆ
③とうきょう ④こた

⑤かぜ ⑥みち
⑦うま ⑧みなみ

2
①点数 ②頭 ③電話 ④半分
⑤読書 ⑥本当 ⑦一番 ⑧山道
⑨南風 ⑩内 ⑪小麦 ⑫肉
⑬同 ⑭父親

3
①当たる ②答える ③答え ④同じ
⑤買う ⑥読む ⑦売る ⑧分ける
⑨分かる ⑩当てる

7 14・15ページ

1
①とも ②こめ
③きた ④いちまんえん
⑤あ ⑥もん
⑦のはら ⑧りか

2
①夜 ②毎朝 ③聞 ④来週
⑤方角 ⑥母 ⑦夜中 ⑧親友
⑨曜日 ⑩用 ⑪里 ⑫話
⑬妹 ⑭毛虫

3
①聞く ②歩く ③聞こえる ④明るい
⑤明ける ⑥鳴く ⑦鳴る ⑧来る
⑨話す ⑩歩き

8 16・17ページ

1
①あまぐも ②い
③こう ④せいかつ

---

⑤たにがわ ⑥がいこう
⑦たいせつ ⑧ごぜん

2
①道 ②売 ③門 ④理科
⑤三角 ⑥後 ⑦元気 ⑧弓矢

3
①辶 ②氵 ③言 ④口

4
①歌う ②遠い
③近い ④聞こえる
⑤弱い ⑥新しい
⑦走る ⑧直す
⑨同じ ⑩明るい

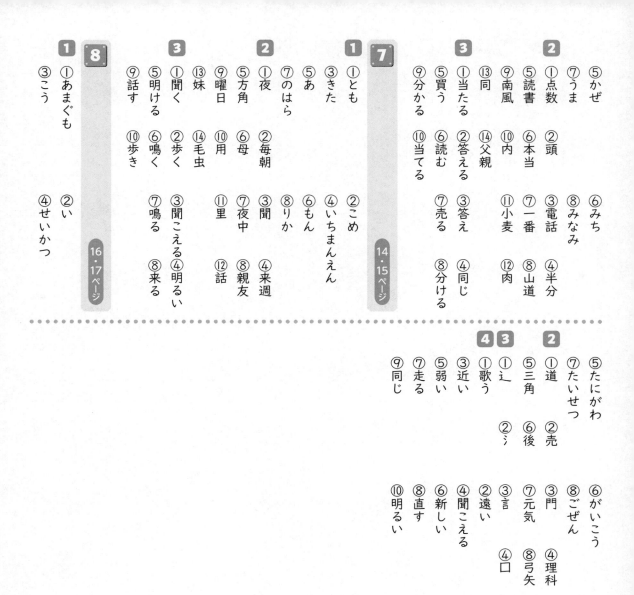